Elogios

"*A Turma* conta como nós experimentamos juntos o verdadeiro significado de uma comunidade de seguidores de Jesus, estando em igreja sem ir à uma igreja física. Foi o início de uma jornada que continua e prosseguirá ainda por muito tempo."

—Flavio A. Lazzari e Sonia M.N. Lazzari, Ph.D
pesquisadores, agricultores, e consultores

"A narrativa deste livro nos mostra a maneira sábia e amorosa com que Ken Lottis aprendeu, no contexto brasileiro da época, a transmitir a mensagem de Cristo. Sua vida nos influenciou e até hoje somos fortemente motivados a repassar esta visão de zelo e cuidado aos familiares e amigos, como em Marcos 5:19."

—Carlos Bastos, médico dermatologista

"*A Turma* retrata um tempo de profunda imersão que tivemos no verdadeiro ministério e missão da família Lottis no Brasil. . . . Os Lottis entraram em nossas vidas, deixando uma herança de amor, confiabilidade e certeza no poder transformador das Escrituras . . ."

—Janete Andrade, coordenadora de música erudita do ICAC

"Adorei cada página do livro. O que Ken faz nessa narrativa magistral é colocar o foco do leitor no que importa mais: as pessoas e o reino de Deus. Podemos sentir o valor que Ken e sua família deram às pessoas. Não eram projetos ou objetos, mas pessoas - a quem amaram e em quem investiram suas próprias vidas."

—Luciano Del Monte, Os Navegadores do Canadá

"Enquanto eu lia o livro, muitas vezes me comovi profundamente com Ken e Carol Lottis, e meu coração dizia: 'É isso mesmo.' Estas anotações do diário e memórias de Ken confirmam que os princípios das Escrituras e o modelo de vida de Jesus são atemporais. As suas descobertas no Brasil são pérolas para todos aqueles que buscam ajudar os demais a prosseguirem em sua busca de um relacionamento com Deus."

—Nancy Ralph, advogada, Toronto, Ontário

"Ouvi dizer que o mundo não é feito de átomos, mas de histórias. A vida é uma história única de lições, alegrias e tristezas. Esta não é apenas a história de Ken e Carol Lottis, mas do evangelho que os transforma e ganha cores brasileiras. . . . A amizade triunfa sobre o método. As motivações genuínas superam a manipulação. O tempo e os números perdem seu significado. O que importava eram os amigos, que conheceram o Jesus da Bíblia. Abrir mão de suas formas evangélicas americanas os transformou tanto quanto a seus novos amigos. Este livro o desafiará a repensar o modo como o evangelho avança entre seus amigos."

—Jerry White, doutor e presidente emérito, Os Navegadores; autor de *The Joseph Road, Dangers Men Face,* e *Honesty, Morality and Conscience*

"O relato notável e emocionante de um jovem casal e seus três filhos que deixaram o país de origem. . . . Ao deixar para trás todas as suas noções pré-concebidas, permitiram que as Escrituras e o Espírito de Deus os guiassem por caminhos singulares. . . . Leitura obrigatória para aqueles que querem deixar Deus transformar suas próprias vidas, ao mesmo tempo em que trazem novos seguidores ao reino."

—Bud Lindstrand, ex-CEO, Empresas ODS

"Este livro é o relato tocante de uma experiência contemporânea que reproduz o estilo relacional de Jesus. Demonstra que a construção de relacionamentos é o meio bíblico e efetivo de construção do reino de Deus entre culturas. Ken mostra como é (e deve ser) 'requintadamente simples, portátil, e transferível.'"

—Burdette Palmberg, pastor emérito, Mercer Island Convenant Church e International Church of Lucerne, Suíça

"A leitura desta generosa história pessoal do trabalho de Ken Lottis e Jim Petersen no Brasil me trouxe esperança no futuro. Confio que os Lottis e Petersen dessa nova geração encontrarão neste livro grande apoio, para que descubram em seus trabalhos o modo como Deus constrói o reino hoje."

—Michael Fitzgerald, pastor, Community Covenant Church, Santa Cruz, Califórnia

A Turma

Uma Aventura de Fé e Amizade

Ken Lottis

Tradução

Vanessa Tomich

Global Commerce Network

A Turma: Uma Aventura de Fé e Amizade
Por Ken Lottis
© 2018 Global Commerce Network

Publicado por Global Commerce Network
P.O. Box 51455
Colorado Springs, Colorado 80949-1455
Estados Unidos

www.globalcommercenetwork.com

Publicado originalmente nos Estados Unidos em 2010 como *Will This Rock in Rio?*

Todos os direitos mundiais desta edição reservados à Global Commerce Network. Nemhuma parte deste livro pode ser reproduzida, arquivada, ou transmitida em qualquer forma inclusive eletrônica, fotocópia, gravação em áudio sem a permissão antecipada da editora. A única exceção são citações breves que incluem a referência ao livro e autor.

ISBN Versão Impresso: 978-0-9600225-0-2
ISBN Versão Ebook: 978-0-9600225-1-9

ISBN Edição Original: 978-1--60006-393-0

Tradução: Vanessa Tomich

Capa: James Clarke (jclarke.net)

Produção: Endeavor Literary Services, LLC (endeavorliterary.com)

Revisão: Kent Lottis

A Carol . . .

*que disse "sim" quando eu lhe pedi em casamento
cinquenta anos atrás. E que também disse "sim" aos
desafios de se mudar para o outro lado do mundo,
aprender uma nova língua, e se adaptar a uma nova cultura.
Sempre com imensa graça, encanto
cativante e um amor apaixonado.*

Índice

Prefácio   9
Agradecimentos   13
Introdução   19

Parte 1: 1964-1968
1. Orando na Rua das Flores   25
2. Falando o Idioma, Entendendo a Cultura   31
3. Mais Idioma, Mais Cultura   37
4. Câmbio, Compras, e Cumprimentos   41
5. Chaves da Casa, Chaves do Reino   47
6. O Fio da Meada   53
7. Identidade e Identificação   61
8. Decisões Nada Fáceis   69
9. Manhãs de Domingo   77

Parte 2: 1969-1976
10. Retorno e Transição   89
11. Universitário Brasileiro Versus *National Geographic*   97
12. Invadindo Porto Alegre   107
13. Cruzando a Ponte de Florianópolis   117
14. Depois da Formatura   121
15. Sucessão e Sucessores   129
16. Novos Cargos, Novas Cidades   133
17. Camelos, Cavalos, e Domingões   143
18. Sobrevivendo em São Paulo   153
19. Casamentos, Filhos, e Minot   163

Parte 3: 1977-1987
20. Forma e Função   175
21. Os Cinco As   185

22. *Allelon:* Os Relacionamentos São Fundamentais   199
23. Sexo, Mentiras, Propinas, e Impostos   209
24. Uma Questão de Vida ou Morte   227
25. Será que Vai Funcionar no Rio?   235
26. A Figura na Caixa do Quebra-Cabeça   247
27. Estudando as Opções   257
28. Deixando a Multidão Para Trás   267

Apêndice A - Estudo Bíblico *Allelon*   271
Apêndice B - "Seis Fatores Cruciais," por Jim Petersen   273
Sobre o Autor   295

Prefácio

Ao longo da história, Deus parece ter prazer em sair dos padrões que esperamos dele. Quase sempre faz algo muito diferente, e através de pessoas improváveis.

Por exemplo, o fariseu fanático de nome Saulo que foi derrubado de seu cavalo, enquanto seguia na missão de proteger a pureza do Judaísmo do primeiro século. Mudou seu nome para Paulo, deu uma virada teológica radical e se tornou o primeiro missionário a levar a mensagem de Jesus ao mundo não judaico.

Ou aquele jovem monge alemão, que registrou algumas observações durante seus estudos bíblicos e as pendurou na porta de sua igreja. Sem querer, iniciou um movimento que mudou o curso da história.

E, então, há a história de um jovem no sul da Califórnia, que propunha reuniões individuais com os marinheiros que serviam a Marinha dos EUA na década de 1930. Ao final da Segunda Guerra Mundial, Dawson Trotman tinha desenvolvido um trabalho com homens que se auto-intitulavam Navegadores, em mais de mil navios e bases militares. Escrevo como um dos missionários dos Navegadores de sessenta e quatro nacionalidades diferentes, em operação em 103 países do mundo.

Não deveria ser surpresa que esse mesmo padrão estivesse evidente desde o início do ministério de Jesus.

Ele chocou seus discípulos ao incluir uma mulher samaritana em uma conversa. Foi taxado de glutão e beberrão pelos líderes religiosos por causa de sua ligação com a "turma errada." E condenou totalmente o comércio que lucrava com o templo de Jerusalém.

E há, ainda, aquela incrível história do evangelho de Marcos (4:35–5:20) em que Jesus, "deixando a multidão," cruzou o mar da Galileia até o lado gentio do lago. Após acalmar uma violenta tempestade, os discípulos devem ter se admirado quando o Mestre encontrou e curou um indivíduo assustador, mas vulnerável. Ao instruir o homem, "anuncie [à sua família] quanto o Senhor fez por você," Jesus e seus discípulos cruzaram de volta o lago.

De modo parecido, está é uma história sobre pessoas muito improváveis que se descobrem vivendo uma aventura extraordinária.

Carol e eu crescemos em cidades pequenas e lares religiosos conservadores, tal como Jim e Marge Petersen. Em meados dos anos 1960, nós quatro fomos escolhidos pelos Navegadores para nos mudar para o Brasil e iniciar um ministério entre os estudantes universitários. Para nós, "deixar a multidão para trás" significava dizer adeus às nossas origens evangélicas, nossos colegas dos Navegadores, nossas famílias e amigos, e ir para "o lado gentio do lago."

Assim começou a aventura que mudou nossas vidas, e as de nossos filhos e netos. Trouxe-nos uma visão renovada do evangelho, uma compreensão mais ampla da Grande Comissão de Cristo e da natureza da igreja. Mas, acima de tudo, permitiu que participássemos do trabalho redentor e transformador de Deus nas vidas de pessoas, de maneiras excepcionalmente únicas.

Minha esperança é que, ao ler esta história, você se

sinta estimulado em sua aventura pessoal com Deus, e parte de um desses momentos onde pessoas comuns são chamadas à obra extraordinária dele. Mas preciso alertá-lo: esta experiência pode levá-lo a abrir mão da sua turma de sempre, e atravessar ao outro lado da rua. Pode exigir que você saia de sua zona de conforto e tome a iniciativa de fazer novos amigos.

Agradecimentos

Esta história nunca teria acontecido, nem este livro teria sido escrito, sem Jim Petersen. Nossa amizade começou em Mineápolis, da Northwestern College no outono de 1952. Tornamo-nos bons amigos e mantivemos contato por dez anos. E, no início de 1963, ele me disse que meu nome estava numa lista de candidatos à sua equipe para um trabalho pioneiro dos Navegadores no Brasil. Esta história começa com ele, esperando-nos no cais do porto de Santos, em novembro de 1964. Quarenta anos depois, em férias juntos com nossas esposas em Santa Fé, Novo México, nasceu a ideia deste livro. Desde então, temos passado muitos dias juntos, e horas pelo Skype, para rever o que estou escrevendo. Sem suas observações, anotações e memórias, e sua orientação paciente, esta história ainda seria um apanhado de 1s e 0s no disco rígido do meu laptop.

Se fossem colher impressões digitais em minha vida e neste livro, as marcas de três homens apareceriam constantemente. Nos primeiros dias do meu primeiro ano na Northwestern College, um bilhete de Ed Reis apareceu em minha caixa postal, convidando-me para uma reunião em seu apartamento a algumas quadras do campus. Aquele primeiro encontro deu início a uma amizade que tem tido uma imensa influência sobre minha vida, por mais de meio século.

Outra amizade que começou naquele outono continua intacta — com Denny Repko. Éramos companheiros de quarto em Dinkytown, próximo ao campus da Universidade de Minnesota, durante meu último ano na Northwestern College. Dois anos mais tarde, em outubro de 1958, ele atravessou metade do país e chegou apenas uma hora antes de meu casamento, a tempo de ser meu padrinho. Denny é a minha definição de amigo de vida inteira.

Meu relacionamento com Aldo Berndt transcendeu nacionalidade, cultura e idioma e estabeleceu uma ligação única de amizade, distinta de tudo o que experimentei antes. Ele parecia ter uma habilidade mágica de compreender o que havia no fundo da minha alma, valorizá-lo e trazê-lo à superfície. Sua influência é intensa, em minha vida e nesta história.

No exercício de suas funções de liderança nos Navegadores, Lorne Sanny, George Sanchez e Jim Downing aprovaram a decisão de nos enviar ao Brasil. Suas viagens posteriores de visita nos trouxeram orientação e apoio. Esta história está pontuada por sua sabedoria.

Encontrei Jack Combs pela primeira vez no caótico Aeroporto Internacional de Congonhas, em São Paulo. Seu humor de caubói e senso comum pragmático fizeram dele um parceiro tranqüilo, quando trabalhamos juntos em Porto Alegre. Nossa amizade com Jack e Barbara está na categoria "para sempre."

Há outros cuja presença no Brasil contribuiu com a história que você vai ler. As vidas de Sue Gliebe, Dan e Suzanne Greene, Fernando e Ieda Gonzalez, Ray e Sharon Rice, Bo e Judy Young, Doug e Evelyn MacKenzie, Don e Marion Caulkins, Dave e Beatrice Hicks, Tom e Dana Steers, e Blake e Shirlee Soule transparecem todas nas linhas do que escrevi.

Não há como expressar o valor e a importância de nossos inúmeros amigos no Brasil. Cito apenas alguns nesta história. Nossas vidas e experiências de fé foram eternamente fundidas. Na verdade, esta é a história deles, não a minha. Apenas tive o privilégio de estar na hora certa e no lugar certo.

Ao começar a escrever, ficou claro que eu precisaria de longos momentos de isolamento da minha realidade cotidiana, para que pudesse me reconectar ao passado. Em inúmeras ocasiões, meu irmão Loren e sua esposa Marge permitiram que eu me instalasse com caixas de arquivos, diários, laptop e mantimentos em seu apartamento no Embarcadero em Newport, no Estado de Oregon.

Da mesma forma, Dave e Donna Simonson me deixaram passar uns dias no seu centro de retiros em Falls Creek, próximo a Raymond, no Estado de Washington. A equipe fez de tudo para que eu me sentisse confortável, mas não conseguiu evitar que eu me distraísse com a passagem dos veados pela minha janela. Falls Creek é um lugar extraordinário.

Um agradecimento especial a Jake e Marge Barnett e a George e Marilyn Duff pela criatividade e compaixão com que nos trataram e nos incentivaram.

Palavras não traduzem nossa gratidão aos pastores, equipe e muitos amigos de uma pequena igreja em Seattle chamada Mercer Island Covenant Church, cuja recepção calorosa nos acolheu como família, quando mais precisávamos de aceitação e amor. Sua generosidade nos sustentou nos momentos difíceis. Vocês são parte vital de nossa história no Brasil.

Por quase tanto tempo quanto o conheço, Chuck "Monte" Unger tem me dito que escrevesse. Gosto de pensar que os dias maravilhosos que Chuck e eu passamos juntos no Brasil em 1976 geraram a pequena faísca, que virou o fogo de quando iniciei este projeto.

Karen Lee-Thorp me incentivou como escritor e veio em meu auxílio quando precisei de motivação renovada.

Hugh Steven é um biógrafo histórico da Associação Wycliffe de Tradutores da Bíblia e autor de mais de trinta e cinco livros, inclusive uma obra em três volumes da vida e época do fundador da Wycliffe, William Cameron Townsend. Em uma de nossas primeiras conversas, diante da minha observação sobre estar inseguro de que o que eu escrevia seria publicado um dia, ele respondeu: "História se escreve porque é história." Repeti esta frase para mim mesmo mais de uma vez, quando ficava imaginando se estaria perdendo tempo.

Don Simpson leu os primeiros capítulos e me convenceu a continuar escrevendo, quando eu ainda não tinha certeza de que o número de leitores potenciais seria maior que o da minha própria família. Ele transmitiu a confiança de que esta história precisava ser escrita.

Finalmente, uma palavra de homenagem à minha esposa, Carol, e nossos três filhos, Kent, Daniel e Brian, que participaram desde o primeiro dia desta história que você vai ler. Cada um deles leu o original e contribuiu com memórias e detalhes. Foram uma grande fonte de incentivo mas, acima de tudo, permitiram que Deus agisse em suas vidas enquanto, como família, vivíamos os eventos registrados neste livro. E o resultado é que Carol, Kent, Daniel e Brian têm, cada um, uma incrível profundidade de caráter, moldada por uma visão de mundo possível apenas pela imersão no tipo de aventura que tentei descrever nestas páginas. Eu amo vocês e me sinto honrado em ser conhecido como seu marido e seu pai.

Mercer Island, Washington
Maio de 2009

Introdução

Feijoada: Mais Que Uma Refeição

Era meio dia de sábado, 29 de novembro de 1964, nosso terceiro dia no Brasil. Eu estava em um restaurante cheio no centro de Campinas. Sentado ao meu lado estava Daví, um jovem brasileiro que eu tinha conhecido no dia anterior na loja da Sears, onde ele trabalhava. Tinha me convidado para almoçar com alguns de seus amigos. Minha mente girava como um radar de navio, captando imagens, sons e cheiros.

Os garçons em paletós brancos iam e vinham da cozinha, carregando travessas de arroz, pratos de couve refogada em gordura de bacon e fumegantes panelas de barro com feijão preto e pedaços variados de carne, como chouriço, orelhas e rabo de porco. Pratos com fatias de laranja acrescentavam mais uma cor. Eu estava em vias de ser apresentado à feijoada, o prato nacional do Brasil.

"Deixe-me servir seu prato," disse Daví em seu inglês com sotaque pesado. Havia um brilho maroto em seus olhos, ao pegar meu prato e colocar uma colher de arroz. A seguir, colocou uma concha de feijão e alguns pedaços de carne sobre o arroz. Continuou a mexer a panela, até colocar habilmente o pedaço final de carne no meio do prato. Eu não podia acreditar no que via. Era um focinho de porco!

Ao erguer meus olhos do prato, percebi que todos

na mesa estavam me observando, inclusive meu colega americano, Jim Petersen, sentado à minha frente. Daví completou meu prato com um punhado de couve e uma fatia de laranja, e fez seu prato da mesma maneira. Enquanto isso, os demais faziam seus pratos e alguém disse bom apetite, que era o sinal para começar a comer. Levei o garfo à boca, sem saber o que esperar.

Aquele dia, aquele restaurante, aquela mesa cheia de jovens brasileiros, e aquele prato de feijoada — foram mais que uma refeição; foi algo como um divisor de águas cultural. Eu estava entrando em um mundo totalmente novo, e deixando para trás tudo o que era familiar e confortável. Era o começo de uma aventura que iria afetar profundamente cada área de minha vida, inclusive o que eu entendia do evangelho e meu relacionamento com Deus.

A primeira garfada de feijoada produziu uma explosão de novos sabores em minha boca. O feijão, a carne e os temperos cozidos por horas criavam um caldo escuro e delicioso que se misturava ao arroz. O feijão, o arroz e a couve combinados em uma experiência culinária única, que nunca esqueci. Mesmo agora, ao escrever estas palavras, sinto água na boca pensando no sabor de uma feijoada. É o pior pesadelo para quem conta calorias mas, se você for curioso, encontrará uma receita de feijoada na Internet.

No entanto, se você quiser conhecer a verdadeira feijoada, terá que viajar comigo ao Brasil, reunir-se com alguns de meus amigos ao redor de uma mesa em um sábado à tarde, e deixar que um deles sirva seu prato.

Enquanto isso, vire a página e viaje comigo pelas histórias que conto sobre a vida no Brasil. Vou descrever algumas das coisas que aprendi, apresentar-lhe a alguns de meus fascinantes amigos brasileiros e levá-lo junto em algumas de nossas aventuras maravilhosas, em que se deixa a multidão para trás e se cruza até o outro lado do lago.

Neste processo, talvez você descubra que Deus quer criar alguns relacionamentos novos com pessoas que não fazem parte de seus padrões tradicionais. Pessoas que raramente, ou talvez nunca, apareceriam na sua igreja e teriam pouco ou nenhum interesse no que acontece por lá.

Parte 1

1964-1968

1

Orando na Rua das Flores

Abrimos caminho por entre a multidão, ao cair da noite, na "Rua das Flores" de Curitiba. À medida que Jim e eu andávamos, olhávamos para os semblantes dos homens, alguns parados em lanchonetes, outros reunidos em animadas rodas de conversa. Então, oramos.

"Deus, aqueles são os tipos de pessoa que queremos que conheçam a fé em Jesus."

"Senhor, queremos participar de uma roda como aquela para falar sobre o seu reino."

Era dezembro de 1964. As famílias Lottis e Petersen celebravam seu primeiro Natal juntos no Brasil, em clima de reencontro. Onze anos antes, no outono de 1953, Jim Petersen, Marge Pyne, Carol Bauer e eu morávamos em Minneapolis, nos Estados Unidos. Jim estudava arte na Universidade de Minnesota. Marge, Carol e eu estudávamos na Northwestern College e, frequentemente, sentávamos juntos em sala de aula ou na cantina da faculdade. Carol e Marge tinham empregos de meio período no mesmo hospital.

Jim e eu fazíamos parte de um grupo de caras que gostavam de jazz e frequentavam a série de concertos

Jazz and the Philharmonic. Meu primeiro envolvimento com os Navegadores foi durante aqueles anos. Jim e Marge se casaram em julho de 1954, enquanto ainda estavam na faculdade. Depois que Carol e eu nos formamos, acabamos trabalhando juntos na North America Indian Mission na Colúmbia Britânica, Canadá. Nos casamos em outubro de 1958.

Em 1960, deixamos a missão no Canadá, passamos a trabalhar com os Navegadores e iniciamos um ministério com estudantes no campus da Northern Illinois University. É lá que estávamos quando soubemos que Jim e Marge estavam se preparando para se mudar para o Brasil, e que estávamos na "lista" de Jim para se juntar a eles.

Assim, quando nós quatro e nossos cinco filhos nos reunimos ao redor da árvore de Natal brasileira em 1964, estávamos bem cientes de que não era coincidência. Deus tinha planejado algo especial para nós.

Jim e Marge, e sua filha Michelle de três anos, tinham chegado ao Brasil em agosto de 1963. Estabeleceram-se temporariamente em Campinas, para começar a estudar o idioma. Durante o ano em que esteve estudando, Jim começou a pesquisar diferentes cidades em que poderíamos lançar nosso ministério entre estudantes universitários. E passou a receber recomendações de pastores brasileiros e outros missionários sobre o ambiente de campus. Em essência, o que diziam era "Tentar alcançar estudantes é perda de tempo. Estão muito envolvidos politicamente e não terão interesse em discutir a Bíblia com americanos." Aparentemente, estávamos em rota de colisão com essas opiniões, amplamente difundidas. O que levantava a questão: Seria insensato ignorá-las?

Para complicar ainda mais, em março de 1964, anos de tensão política redundaram em uma revolução armada. O governo civil foi substituído por uma ditadura militar, desencadeando uma dura repressão das facções políticas derrotadas. Circulavam rumores de que a Marinha dos EUA estava na costa do Brasil, pronta para dar apoio às forças armadas brasileiras. A intervenção militar desviou o país de um suposto golpe do Partido Comunista Brasileiro, mas também aumentou mais do que nunca o sentimento antiamericano entre os estudantes universitários. Entendemos o significado disso no momento em que pisamos pela primeira vez em um campus universitário. Havia um pesado clima de suspeita de que éramos agentes da CIA.

Jim descreveu o que aconteceu durante aquele ano com base nas notas de seu diário, de agosto de 1964:

> Depois de um ano de estudo do idioma, Marge e eu fomos descansar na praia de Guarujá. Eu relutava com o aparente absurdo do que estávamos fazendo. Aqui estávamos, um homem com uma esposa grávida e uma filha de três anos, em um país de cem milhões de pessoas. Que espécie de loucura nos levou a crer que nossa presença faria alguma diferença para alguém?
>
> Eu vinha lendo o livro de Isaías e, naquele dia, estava em Isaías 45. Ali, Deus se dirige ao rei persa Ciro e diz:
>
> *Eu irei adiante de você e aplainarei montes; derrubarei portas de bronze e romperei trancas de ferro. Darei a você os tesouros das trevas... para que você saiba que eu sou o Senhor.... Eu o fortalecerei,... de forma que do nascente*

ao poente saibam todos que não há ninguém além de mim. . . . Eu levantarei esse homem em minha retidão: Farei direitos todos os seus caminhos. Ele reconstruirá minha cidade e libertará os exilados, sem exigir pagamento nem qualquer recompensa, diz o Senhor dos Exércitos. Assim diz o Senhor: 'Os produtos do Egito e as mercadorias da Etiópia, e aqueles altos sabeus, passarão para o seu lado e lhe pertencerão, ó Jerusalém; eles a seguirão, acorrentados, passarão para o seu lado. Eles se inclinarão diante de vocês e implorarão a você, dizendo: 'Certamente Deus está com você, e não há outro; não há nenhum outro deus.'

Ao ler isso, pensei, *É o que precisamos que Deus faça por nós. Precisamos que ele abra um caminho por entre todos esses obstáculos que assomam à nossa frente, e fortaleça nossa estrada. Precisamos que ele nos traga pessoas, qualificadas e comprometidas com a vida deste país.* Mas, infelizmente, isso não foi escrito para mim; foi escrito para Ciro, um rei persa que viveu há 2.600 anos. Deixei minha Bíblia de lado.

Três dias depois, essa passagem ainda rondava minha mente. Pensei, *Se Deus quisesse me dizer algo hoje, como ele faria?* Eu ouviria uma voz vindo da parede? Pouco provável. Ou o Espírito Santo chamaria minha atenção para algo que já tivesse sido dito em outro tempo e lugar, e me diria, 'O que eu disse a Ciro através de Isaías é o que estou lhe dizendo hoje.' Talvez, isso.

Eu estava sendo tendencioso? Sim, é claro que eu estava. Eu estava imaginando algo que não estivesse realmente acontecendo? É claro que eu poderia estar. Só o tempo diria. Gálatas 3:29 me ajudou àquela altura: 'E, se vocês são de Cristo, são descendência de Abraão e herdeiros segundo a promessa.' Senti a liberdade de aceitar essa passagem de Isaías como uma palavra pessoal de Deus para nós.

Os efeitos foram imediatos. Nos próximos dias, escrevi em meu diário,

Deus preparou pessoas para nós e as trará até nós. . . . Anseio pelo futuro porque os resultados já foram garantidos. Homens de estatura e coração pronto nos serão dados. Uma promessa dessas é como começar a ler um livro de suspense pelo último capítulo. Você não só sabe se dará certo, mas também de que maneira.

Recentemente, ao relembrar aquelas experiências, Jim refletiu sobre o seu significado durante os nossos primeiros anos:

Este capítulo de Isaías foi um guia para nós ao longo dos quarenta anos subsequentes, de várias formas. Definiu nossa esfera de ministério e nos manteve na direção certa. Foi o único momento em nossas vidas em que Deus usou uma passagem das Escrituras para nos orientar desse modo. A aplicação imediata era óbvia: deveríamos buscar as pessoas escravizadas pelo domínio de Satanás, os secularizados. Eles deveriam ser nosso ponto de partida.

Obviamente, quando se quer herdar uma promessa, deve-se obedecê-la. Esta distinção nos levava a uma única conclusão: nosso ponto de partida deveria ser entre pessoas secularizadas, aqueles que não estivessem dentro da comunidade da igreja.

Quatro meses depois de Jim escrever essas palavras em seu diário, nas noites daqueles feriados depois de nossos filhos pequenos receberem comida, banho e irem para cama, Jim e eu dirigíamos ao centro de

Curitiba para andar pelas ruas e orar. As palavras dos versículos de Isaías 45 nos encorajavam a orar pelo tipos de pessoas descritos como "os produtos do Egito e a mercadoria de Cush, e os altos sabeus." Não tínhamos certeza do que aquilo significava, mas logo descobrimos, à medida que Deus começou a responder às nossas orações.

Ken Lottis e Jim Petersen param para um cafezinho em uma das inúmeras cafeterias no calcadão da Rua das Flores de Curitiba.

2

Falando o Idioma, Entendendo a Cultura

Dirigir na principal rodovia entre Curitiba e São Paulo, a BR-116, foi um inesquecível teste de nervos, que exigia uma combinação especial de habilidades, algo entre ser piloto de Fórmula 1 e apostador de Las Vegas. Eram quatrocentos quilômetros com duas faixas estreitas de asfalto e uma infinidade de buracos. Longas filas de caminhões carregados arrotavam fumaça de óleo diesel enquanto desciam lentamente as estradas sinuosas das serras. Grandes ônibus interestaduais frequentemente se interpunham, quando passávamos pelas longas filas de caminhões. E ainda havia o desafio de desviar das carroças puxadas a cavalo, das pessoas de bicicleta e de um e outro boi ou cavalo vagando pela rodovia.

Logo após o réveillon de 1965, Jim nos colocou em sua Vemaguet (uma mini-camionete de projeto alemão fabricada no Brasil, com cinquenta cavalos, três cilindros e um motor de dois ciclos que soava como um cortador de grama gigante), e partimos pela BR-116 em nossa viagem de volta a Campinas. Sete horas depois, respiramos aliviados quando paramos na entrada da garagem de nossa casa alugada, na Rua Barbosa da Cunha, 614.

Na segunda-feira, 11 de janeiro, as aulas começaram na escola de idiomas. A primeira coisa que nos ensinaram a dizer foi "Barbosa da Cunha, seiscentos e quatorze," o nosso endereço. Esta informação fundamental nos permitiu fazer compras em mercados, entrar em um dos numerosos e bons taxis da cidade de Campinas, dizer o endereço ao motorista e esperar que ele não tentasse puxar conversa.

Eu ia para as aulas de manhã, e Carol, à tarde. Kent, aos quatro anos e nove meses, começou a ir a uma creche à tarde. Era constrangedor, mas seu aprendizado logo ultrapassou em muito o dos seus pais. Um mês mais tarde, após o aniversário de três anos de Daniel, ele se juntou ao irmão na creche à tarde. Brian, com dezesseis meses de idade, ficava em casa sob o cuidado carinhoso de Lourdes, a brasileira de quatorze anos que trabalhava como nossa empregada.

Em 21 de janeiro, escrevi estas palavras em meu diário: "Oito dias na escola de idiomas. A introdução foi rápida, e o progresso tem sido animador. Os novos sons do idioma estão se tornando mais familiares aos ouvidos e à língua. Mas ainda há um longo caminho pela frente."

Mal sabíamos àquela altura quanto o "caminho" seria realmente longo. Alguém tinha dito: "Antes de dominar um novo idioma, você precisa assassiná-lo." Durante aqueles primeiros meses, viramos assassinos impiedosos do português. Até algo simples como comprar pão e leite na padaria da esquina tinha o potencial de gerar um coro de gargalhadas das jovens que nos atendiam. Depois de um desses vexames, perguntei ao Jim, que estava comigo, a razão de estarem rindo. Ele sorriu e respondeu, "Você pediu um *pau suja*, em vez de pedir *pão de soja*."

O sistema de ensino de idiomas adotado pela escola era excelente e usava técnicas fonéticas de última geração para ensinar pronúncia, sintaxe e gramática. As turmas eram intencionalmente pequenas, com três ou quatro alunos por professor e, à medida que os alunos progrediam ao longo do ano, havia mais orientação individual em aulas particulares.

Mas o aprendizado de um idioma deve vir acompanhado do aprendizado da cultura. Além do que aprendia na escola, eu tinha a vantagem das amizades que Jim Petersen e Harry MacDonald, da Young Life, tinham desenvolvido enquanto estavam em Campinas. Tinham passado bastante tempo com o grupo de jovens que conheci na feijoada. E agora tinham se mudado—Jim, para Curitiba e Harry, para São Paulo—deixando para mim a oportunidade de desfrutar dos benefícios daqueles relacionamentos.

Minhas anotações de diário refletem o envolvimento inicial com esses jovens.

> *31 de janeiro:* Que dia. . . . Fui com Daví (e amigos) a um jogo de futebol. Havia uma multidão imensa e o jogo estava duro e desleal—o pior que eu tinha visto até então. O jogo acabou com um grupo de torcedores pulando a cerca e entrando no campo. Em segundos, brigas estouravam entre jogadores e espectadores. . . . Enquanto Daví e eu começávamos a sair do estádio, acabamos envolvidos numa debandada em massa. . . . Como eu disse, que dia.
>
> *6 de março:* Luiz veio aqui ontem à noite para um

jantar, xadrez e música. Acho difícil me comunicar com esse rapaz. . . . Na hora do almoço, Orlando apareceu. Foi um momento bom com ele. Uma parte do tempo em inglês, mas o resto nas Escrituras, em português.

15 de março: Orlando esteve aqui novamente. Mais um momento bom.

Além deste tipo de envolvimento pessoal, uma vez por semana Harry e Hope MacDonald faziam uma viagem de uma hora e meia de São Paulo para conduzir um estudo bíblico de uma hora durante o almoço em nossa casa. Eram as primeiras oportunidades de entreter brasileiros em casa, uma outra dimensão do aprendizado da cultura. A comida em si era bem simples. O almoço típico era arroz com feijão, bife preparado no estilo filé, e uma folha de alface com algumas fatias de tomate. Como não achávamos molho para salada no armazém da esquina, Carol criou uma mistura de maionese e ketchup que os brasileiros punham sobre o arroz, para o espanto dela. Mas o maior desafio era passar um café que agradasse aos seus paladares. Suas primeiras tentativas foram motivo de muitas risadas, e aprendemos assim a expressão "água de batata."

Só mais tarde pudemos apreciar plenamente o valor e o significado do que estávamos aprendendo com essas experiências. Muito da orientação cultural passada aos missionários em sala de aula, na escola de idiomas, tinha como foco a adaptação à subcultura evangélica da igreja protestante, em um país onde mais de 90 por cento são Católicos.

Por outro lado, nosso aprendizado acontecia em contextos reais de relacionamento com esses jovens amigos brasileiros. Eram indivíduos que tinham crescido como católicos mas que, no início da adolescência, tinham deixado para trás qualquer traço de afiliação à igreja. Nós os definíamos como "Católicos culturais," e ser brasileiro era quase sinônimo de ser Católico. Usavam em português uma expressão para descrever seu catolicismo: "Sou Católico da boca para fora!" Esta frase era quase sempre acompanhada de um gesto, que apontava para a garganta e era complementado por: A coisa não desce mais, ou seja "Não engulo mais isso."

O resultado ficava claro pela visão de mundo bastante secularizada que, de fato, proclamava que a Igreja Católica, e a religião em geral, eram irrelevantes à vida moderna. Eram ateus ou agnósticos em suas crenças e, em alguns casos, tinham visões políticas marxistas. Tendo se livrado de um sistema religioso, tinham pouco ou nenhum interesse em entrar em outro, como uma denominação protestante tradicional.

Essas amizades e experiências foram uma antecipação do que viria. Nos anos seguintes, estivemos em contato com uma geração de jovens que respondiam ao chamado de Jesus Cristo em suas vidas, mas que evitavam qualquer afiliação à igreja institucional.

Naquele momento, essas experiências nos levavam para um território desconhecido, com poucos precedentes que pudessem nos orientar. Havia perguntas recorrentes, sem resposta, sobre o que faríamos com quem respondia à pessoa de Cristo sem fazer a transição para uma igreja tradicional. Agora, parece mais comum encontrar pessoas curiosas sobre espiritualidade, mas sem interesse em frequentar uma igreja tradicional. Mas, em meados dos anos 1960, tudo isso era novo para nós.

3

Mais Idioma, Mais Cultura

Nas semanas e meses que se seguiram, estabeleci um tipo de rotina que me mantinha em contato com Daví e alguns outros rapazes com quem dividi a memorável feijoada. Tornaram-se bons amigos e, sem que soubessem, meus mentores culturais. Sempre que havia um intervalo nas aulas de idioma, eu subia num velho ônibus que passava perto de casa e ia para o centro da cidade. Quando eu chegava no local de trabalho de Daví, ele me cumprimentava com um abraço, apertado e com um tapinha nas costas, e dizia "vamos tomar um cafezinho."

Juntavam-se a nós um ou dois outros rapazes na saída da loja, descíamos ao barzinho da esquina, e se iniciava a pequena cerimônia ligada ao cafezinho. Primeiro, havia a disputa de quem pagaria. A seguir, de quem colocaria açúcar nas pequenas xícaras, enchendo um terço de cada uma. Os perdedores mostravam seu desdém pela quantidade de açúcar, ao remover um pouco com uma colher e colocar no pires. A garçonete enchia a xícara com um líquido ardente, que parecia ter a cor e a consistência de uma mancha de piche. Enquanto sorvíamos o café preto bem doce, eu testava minhas últimas aquisições do português, o que sempre parecia causar divertimento ao meu círculo de amigos, aos outros clientes e às garçonetes atrás do balcão. Mas quando eu pegava o ônibus de volta para casa, me sentia fortalecido pelo apoio que aquelas sessões de café significavam.

Nas tardes de sábado ou domingo, eu ia muito com Daví e seus amigos a jogos de futebol. Sentava com eles em arquibancadas de concreto no sol escaldante da tarde, para torcer pelo time deles e xingar o juiz e os bandeirinhas. Logo aprendi que, como em qualquer esporte, o futebol no Brasil tem seu próprio vocabulário.

Sentado naquela arquibancada, fui adquirindo um vocabulário que não se ensinava a missionários na escola de idiomas. Entendi isso numa manhã de segunda-feira quando a professora, uma santa senhora brasileira já de certa idade, perguntou aos alunos o que tinham feito no fim de semana, e se tinham aprendido novas palavras.

Primeiro, ficou escandalizada por eu ter ido a um jogo de futebol no Santo Domingo, depois horrorizada quando repeti com orgulho as palavras que meus amigos tinham gritado durante o jogo. E me instruiu a procurar um dos professores homens, com quem aprendi que aquelas palavras eram muito ofensivas e uma observação obscena sobre a mãe de alguém.

Depois do jogo, os rapazes costumavam me levar a um pequeno bar a algumas quadras do estádio, onde nos serviam um frango assado de dar água na boca, preparado numa churrasqueira a carvão. O frango era acompanhado de batata frita, arroz, e uma salada, que os rapazes complementavam com garrafas de cerveja.

Na primeira vez que fizemos isso, uma discussão se seguiu na calçada quando saíamos do bar. Era evidente, pelos repetidos olhares na minha direção, que a discussão tinha algo a ver comigo. Chegaram a um acordo, e cada um se despediu, dando um grande abraço.

"A conversa era sobre o quê?" perguntei a Daví, em inglês, enquanto caminhávamos na direção do meu ônibus.

Nunca esquecerei sua resposta: "Eles estavam indo para um bordel. Queriam convidá-lo e temiam que você se ofendesse se eu não lhe perguntasse, pelo menos. Tentei lhes explicar que você não teria interesse."

Ao seguir de ônibus para casa aquela noite, percebi que nunca tinha tido um grupo de amigos como aquele. Eu estava em um novo país, aprendendo um novo idioma e tentando entender uma nova cultura. Mas ainda mais impressionante era perceber que esses novos amigos eram os tipos de pessoa descritos naqueles versículos de Isaías 45, "virão . . . em correntes." Neste caso, as correntes eram os padrões de comportamento, considerados tão normais que suas consciências estavam preocupadas unicamente se eu me ofenderia se não tivessem me convidado para ir com eles a um bordel.

4

Câmbio, Compras, e Cumprimentos

Os meses iniciais no Brasil nos proporcionaram um período acelerado de aprendizagem, algo que nunca tínhamos experimentado antes. Nossa curva de aprendizagem chegou a ficar vertical em muitas áreas diferentes da vida cotidiana! Como dinheiro.

Em meados de dezembro de 1964, a taxa de câmbio para o cruzeiro brasileiro era de Cr$ 1.630 para um dólar. O maior valor em moeda corrente era uma nota de Cr$ 5.000, que valia ao redor de US$ 3,06. Pense. É fácil carregar cem dólares em uma carteira ou bolsa em cinco notas de vinte; eu precisava de trinta e três notas de Cr$ 5.000.

Havia notas no valor de mil, quinhentos, cem, cinquenta, vinte, e dez cruzeiros. Calcule. Cinquenta dólares americanos convertidos em cruzeiros equivaliam a Cr$ 81.500, um maço considerável! Uma carteira comum, como a que eu tinha no meu bolso nos Estados Unidos, não dava conta da tarefa de levar tanto dinheiro. Como outros brasileiros, comecei a carregar uma pequena bolsa de couro do tamanho aproximado de um livro típico.

Dar troco era um pesadelo. Até que pudéssemos entender todos os números em português, simplesmente dávamos um punhado de moedas e confiávamos que o comerciante ou motorista de taxi ficasse com a quantia necessária.

Minha primeira compra numa loja de varejo foi um guardachuva que custou Cr$ 9.250, ou US$ 5,65. Meu primeiro corte de cabelo custou quinhentos cruzeiros, ou cerca de vinte e oito *cents* americanos. Uma daquelas xícaras pequenas de café custava cerca de três *cents*. Andar de ônibus custava cerca de dois *cents*.

Pela primeira vez, em seis anos de casamento, começamos a comprar móveis novos. Logo aprendemos que os preços dos móveis e eletrodomésticos não eram fixos. Devido à inflação galopante, um preço cotado pela manhã costumava estar mais alto à tarde.

Compramos imediatamente um fogão a gás para a cozinha, uma geladeira, uma máquina de lavar, uma cama de casal com colchão e vários outros produtos na mesma loja. Em vez de pagar em dinheiro, assinei uma nota promissória para pagamento em trinta dias.

No vencimento da nota, colegas missionários americanos tinham me familiarizado com o processo de câmbio dos dólares americanos em cruzeiros brasileiros. Havia uma grande variedade de casas de câmbio, eufemisticamente chamadas de "mercado paralelo," além das mesas de câmbio oficiais nos bancos. Era uma atividade que o governo ora tolerava, ora reprimia. Nos primeiros seis meses em que estávamos no país, usamos o mercado paralelo. No dia em que eu tinha que pagar a nota promissória, fui a uma casa de câmbio que operava em uma imobiliária. Parei no balcão e disse uma única palavra: "câmbio."

O homem atrás do balcão me reconheceu e apertou um botão sob o balcão; a porta à minha direita se abriu, dando-me acesso a um pequeno escritório onde um homem sentado atrás de uma mesa atendia a vários telefonemas simultaneamente. Passei-lhe o cheque do meu banco em Colorado Springs, para que visse o valor. Ele falou umas palavras em vários telefones e, então, rascunhou uma taxa de câmbio num pedaço de papel. Acenei com a cabeça que sim. Ele tirou um talão de cheques da gaveta e fez um cheque de mais de um milhão de cruzeiros. Trocamos cheques, apertamos as mãos e logo saí, deixando-o ocupado com os telefones; tínhamos feito uma transação de um milhão de cruzeiros com uma palavra, um aceno e um aperto de mãos.

Minutos depois, entrei em um banco e apresentei o cheque para saque. Aguardei, enquanto observava o cheque passar de mesa em mesa, recebendo rubricas antes de ser devolvido ao caixa. Então, este passou a empilhar maços de dinheiro envoltos em tiras de elástico sobre o balcão. Aqueles maços, de cerca de cinco centímetros de altura, eram compostos principalmente de notas de R$500 e $1000 cruzeiros, e uma eventual nota de $5000. Como já estavam pré-contados e amarrados, apenas os maços eram contados à medida que o caixa os passava sob o vidro, na minha direção. Impressionado, eu não tinha a menor ideia se ele estava me dando o valor correto do dinheiro. Sem querer criar constrangimento, abri minha bolsa presa ao cinto e tratei de guardar todos os maços nela. Tinha a sensação de estar saindo de um assalto a banco!

Nervoso, me voltei para a porta, imaginando se a transação não teria atraído a atenção de algum ladrão potencial. Andei apressadamente por várias quadras até a loja, onde entreguei a nota promissória. Descarreguei o dinheiro de minha bolsa e observei com espanto que o caixa contou apenas os maços. Carimbou a nota promissória como paga e a devolveu para mim.

Outra área de adaptação, em especial para a Carol, era a compra de mantimentos. Os supermercados só chegariam ao Brasil na década seguinte. Leite e pão saindo do forno eram comprados diariamente em uma padaria na esquina próxima. No mesmo cruzamento movimentado, havia um pequeno açougue que vendia cortes de carne de boi, de porco e de frango.

Frutas e legumes frescos eram comprados em feiras livres, montadas uma vez por semana no bairro. Carol andava pela rua empurrando um carrinho de duas rodas e carregando várias sacolas de compra. Os comerciantes anunciavam seus preços em voz alta, e Carol aprendeu a fazer barganhas com graça e humor para comprar mais com seu dinheiro.

A curva de aprendizagem abrangia coisas sobre o idioma que iam além da pronúncia correta, da conjugação verbal e da estrutura da sentença. Por exemplo, tivemos uma aula sobre linguagem chula e descobrimos, para nosso horror, que Kent e Daniel já tinham aprendido algumas daquelas palavras enquanto brincavam com as crianças da vizinhança.

Aprendemos que, como em inglês, há coisas que são ditas em português com outro sentido. É comum cumprimentar alguém com um "Como vai?" sem esperar um relatório detalhado de saúde como resposta. Se um brasileiro está se despedindo e complementa com a expressão "aparece lá em casa," isso não constitui um convite real de visita à sua casa.

E há as pequenas cerimônias que vivemos quando dizemos olá ou até logo, com todo um conjunto de pistas que precisamos seguir. Quando dois amigos se encontram, cumprimentam-se com um abraço, que envolve contato corporal e um tapinha nas costas. Quando duas amigas se encontram, trocam beijos nas duas bochechas. Saber por qual bochecha começar é essencial para evitar o constrangimento de uma colisão de narizes. Cumprimentos entre homens e mulheres envolvem um conjunto bem mais complicado de variáveis, dependendo do grau de intimidade entre eles. Apenas aperto a mão da dama, troco beijos ou virá um abraço? Não há resposta simples e, se você errar, pode ser constrangedor e até ofensivo!

Andando pelas ruas do centro de Campinas, logo aprendi que algumas coisas me identificavam como americano. Como meu par de sapatos Florsheim Wingtip novinho em folha, que ganhei de presente poucos dias antes de sairmos dos Estados Unidos. Os engraxates o viam de longe, e me cumprimentavam, dizendo alto: "Vai um brilho aí, míster?" Comprei um par de sapatos brasileiros, guardei meu Florsheim e nunca mais o usei.

Certo dia, quando Jim e eu terminávamos de tomar um cafezinho, observamos dois missionários Mórmons que passavam. Concluímos que podiam ser facilmente identificados pelas camisas brancas, gravatas e grandes sapatos americanos. Mas havia algo mais. Era o modo como andavam. Ficamos imaginando: *Será que andamos desse jeito?* E achamos um modo de descobrir.

Paramos próximo a uma porta até vermos dois brasileiros andando em nossa direção. Assim que passaram, começamos a segui-los alguns metros depois, imitando o seu ritmo, passo a passo. Foi incrível. Tivemos que ajustar o comprimento da passada; do contrário, logo iríamos ultrapassá-los. Nosso ritmo era muito rápido, e tivemos que desacelerar. Daquele dia em diante, Jim e eu desenvolvemos o hábito de andar atrás de alguém que tivesse aproximadamente a nossa altura e "calibrar" nosso estilo de caminhar, num esforço para ser mais brasileiro.

Há tanto a aprender, quando você entra numa nova cultura, tão além do mero aprendizado do idioma. Coisas do dia a dia, como trocar dinheiro e pagar contas, comprar pão e banana, dizer olá e até logo e, sim, até o tipo de sapato que você usa e o modo como caminha.

Nossa meta, é claro, era mergulhar ao máximo na cultura e estilo de vida brasileiros. Simplesmente não seria suficiente parar numa esquina ou num auditório e proclamar uma mensagem em português correto e sem sotaque. Em vez disso, precisávamos deixar para trás nossa cultura e estilo de vida americanos tanto quanto possível, e encarnar o evangelho de Cristo no modo como vivíamos nossas vidas cotidianas.

Em Filipenses 2:7-8, Paulo descreve o processo pelo qual Jesus passou e que procuramos imitar: ". . . mas esvaziou-se a si mesmo, vindo a ser servo, tornando-se semelhante aos homens. E, sendo encontrado em forma humana, humilhou-se a si mesmo e foi obediente até à morte, e morte de cruz!"

Ken, Carol, Dan, Kent e Brian, todos bem vestidos para um passeio pelo centro de Curitiba (1966).

5

Chaves da Casa, Chaves do Reino

Estávamos em nossas últimas semanas de estudo do idioma, e na preparação para a mudança de Campinas para Curitiba, separadas por 580 quilômetros. Na primeira semana de novembro, o telefone, que tinha ficado em silêncio por muitos dias, nos deu um susto ao começar a tocar.

"Achei uma casa para vocês. Mas vão precisar de um fiador."

Era o Jim, gritando a plenos pulmões numa péssima ligação telefônica de Curitiba. Prosseguiu, explicando a prática comum no Brasil da exigência de um fiador, um co-signatário no contrato de aluguel que tivesse uma propriedade na mesma cidade. Felizmente, umdos meus professores na escola de idiomas tinha uma prima que morava em Curitiba, e seu marido concordou em ser meu fiador.

Semanas mais tarde, levando comigo uma carta de apresentação, entrei na empresa de Luciano Bocatto, um imigrante italiano baixinho, de peito largo, que tinha vindo para o Brasil logo após a Segunda

Guerra Mundial. Sua fábrica empregava 120 pessoas na produção de massas (macarrão de vários tipos), distribuídas em uma vasta área por uma frota de vinte caminhões.

Ele me recebeu com um grande abraço, e fomos ao seu pequeno escritório, onde me serviu um cafezinho de uma garrafa térmica. Logo resolvemos os detalhes legais que o proprietário exigia quanto à sua qualificação como fiador. Ao passarmos a questões de família, ele deu sugestões de atividades que poderíamos fazer juntos com nossos filhos.

Assim que nos mudamos para Curitiba, nossa amizade começou a crescer. Em uma carta, eu o descrevi da seguinte maneira:

> Da primeira vez em que o visitei em sua casa luxuosa, ele me chamou de 'reverendo' e me serviu suco de laranja. Quando descobriu que eu não era pastor, me chamou de senhor, o que é mais comum, mas ainda formal. Agora me chama de você, o que se usa com os amigos, e me serve seu vinho favorito. Recentemente, me disse, 'Ken, o desejo de ganhar dinheiro com minha empresa já não me atrai, o desejo de ter um carro grande já não me atrai, o desejo de ter uma mulher já não me atria. . . . A única coisa que me interessa agora é algo spiritual . . . a realidade espiritual.'

Meu relacionamento com ele reforçou a convicção de que estávamos nos cercando de pessoas que, sem ter qualquer conexão ou interesse na igreja, estavam espiritualmente famintas. Luciano confirmava a ideia de que podíamos no sentar na nossa sala com um grupo de estudantes universitários, tomar um cafezinho, fumar e discutir uma passagem da Bíblia.

A segunda observação que tirei de minha amizade com Luciano veio da dificuldade sobre o título que ele usava ao falar comigo. Eu não tinha sido ordenado ministro, então o título de reverendo não cabia. Eu não usava o tipo de roupa que me identificasse como um homem de negócios, nem um português mais formal de advogados ou políticos, de forma que a palavra senhor não era apropriada. Assim, após nossas conversas iniciais, ele passou a usar o familiar você, que se usa entre membros de família e amigos.

Esta ausência de uma estrutura de identificação criava um problema, que descreverei em outro capítulo mais à frente. Mas também funcionava a nosso favor. Muitos brasileiros jovens, criados dentro de uma estrutura religiosa hierárquica e autoritária, tinham aprendido desde cedo que certas perguntas não deveriam ser feitas, nem dogmas questionados. E aquelas eram exatamente as perguntas e tópicos que nos interessavam, e que nos permitiam apresentar as Escrituras ao estudante.

A princípio, enquanto eu ainda estava adquirindo vocabulário em português, em vez de articular minha própria resposta, me perguntava, *Onde encontro uma passagem da Bíblia que aborde esta questão?* Então eu pedia ao estudante que a lesse, e lhe perguntava, "O que ela diz, e como ajuda a responder a sua pergunta?" Para que não tivessem a impressão de que estavam sendo doutrinados em alguma seita americana estranha, eu lhes dava as respostas diretamente da Bíblia.

A grande estrutura religiosa predominante no Brasil é a Igreja Católica. Como maior nação Católica do mundo, dentro de um continente também predominantemente Católico, linhas bem definidas separam historicamente os protestantes como minoria.

Ao buscarmos nos definir, nos voltamos para as Escrituras. E foi como se, ao retirarmos nossos filtros evangélicos americanos, passássemos a ver o reino de Deus nas páginas de nossas Bíblias.

As estruturas que definem o reino de Deus estão acima das questões polêmicas da história da igreja. Ao colocarmos o foco no reino, conseguimos evitar os rótulos tradicionais de Protestante ou Católico. Estávamos convencidos de que, para tudo que Deus fosse realizar na América Latina, ele precisaria de discípulos, cidadãos firmes do seu reino. E se comunicássemos as boas novas do reino, o resto viria sozinho.

Muitos anos mais tarde, fui a uma palestra no Brasil ministrada por Spencer Bower, um especialista em missões. Ao encerrar, me apresentei e lhe ofereci uma carona ao aeroporto na manhã seguinte.

Ao partirmos, durante o tráfego movimentado do horário, contei-lhe uma série de histórias que ilustravam o que estávamos fazendo. No aeroporto, continuei a falar, enquanto ele aguardava na fila para o balcão de check-in. Saímos em direção ao portão de embarque e, sem lugar para sentar, nos apoiamos numa parede. Terminei o que tinha a dizer, e lhe perguntei, "Então, o que você acha? Concorda?"

Ele estava em silêncio, e vi lágrimas em seus olhos. Parecia estar profundamente tocado com o que acabava de ouvir. Então falou, quase num sussurro. "Ele vai construí-la. De um modo ou de outro, Ken, ele vai realizá-la." Fez uma pausa. Suas palavras me deixaram perplexo.

Foi quando olhou para mim e prosseguiu. "É como ele disse a Pedro, 'Estou lhe dando as chaves do reino . . . e construirei minha igreja.' Continue o que está fazendo, Ken. De um modo ou de outro, ele vai construir a sua igreja."

A casa na Rua Padre Anchieta, onde a família Lottis morou de dezembro de 1965 a fevereiro de 1970. Aquele é nosso fusca brasileiro, na entrada da garagem. E nós, espiando na janela.

6

O Fio da Meada

Em muitos dos países para onde os Navegadores enviaram seus primeiros missionários, esses foram a convite de ou em colaboração com outras agências missionárias. O resultado é que, desde o primeiro dia no novo país, a atividade do missionário Navegador era ditada por acordos prévios. Em alguns casos, treinavam conselheiros para cruzadas evangelísticas; em outros, significava a tradução e distribuição de material para estudo da Bíblia e memorização das Escrituras, ou trabalho com as igrejas locais.

Não era o caso do Brasil. Estávamos livres para encontrar os caminhos que nos levariam aos corações e mentes dos jovens brasileiros. Na época, não tínhamos a menor ideia de que caminhos eram esses ou aonde nos levariam.

As expressões usadas na passagem de Isaías 45, contudo, começaram a fazer sentido no mapeamento desses caminhos, quando Jim e Marge se estabeleceram em seu primeiro ano de atividade em Curitiba, enquanto Carol e eu começávamos a estudar o idioma em Campinas. As imagens das pessoas "vindo ... em correntes" apontavam para os tipos de pessoas pelos quais tínhamos orado em nossas caminhadas noturnas.

Por outro lado, Jim ajudava um grupo de igrejas locais que estava organizando uma cruzada evangelística municipal. Vários jovens, depois de conhecer Jim, expressaram interesse em trabalhar com os Navegadores do Brasil. Eram jovens afáveis, membros de igrejas locais, que pareciam querer unir forças conosco. Só havia uma coisa errada; como Jim dizia, "Não há correntes."

Então, o que deveria fazer um estrangeiro em uma cidade de meio milhão de habitantes para conquistar as primeiras amizades fora dos muros de uma igreja protestante? Muito simples: orar, pedir para que seus amigos orassem, e começar a procurar o "fio da meada" que o levasse à rede de relacionamentos.

Em busca dessa pista que nos levaria ao mundo secular, Jim procurou Osvaldo, irmão de um jovem que estava na feijoada em Campinas. Osvaldo trabalhava no laboratório de uma multinacional da indústria química em Curitiba. Tinha ouvido seu irmão José falar sobre Jim, e estava curioso. Jim o procurou, e ele aceitou o convite para jantar. Não demorou muito para que Jim percebesse que jamais conheceria alguém como Osvaldo. Jim descreve o processo em seu diário:

> *23 de dezembro de 1964:* Explorei o evangelho com Osvaldo a noite passada. Usei a Ponte. Passamos algumas horas nisso, sentamos no chão com um pedaço de giz e minha Bíblia. Fomos lendo versículo por versículo, e ele dava sua interpretação própria de cada um deles. Senti que a discussão estava indo bem, que ele tinha realmente compreendido as

escrituras – até lhe perguntar o que achava.

Ele olhou para o diagrama que eu tinha desenhado no chão, olhou para mim, olhou de novo para o chão e perguntou: 'Você veio para o Brasil para mostrar isso? Não entendi.'

Aquela ilustração simples chamada "A Ponte" para apresentar o evangelho era o que vínhamos usando há anos com os estudantes nos Estados Unidos. Então, achamos que naturalmente funcionaria no Brasil. A resposta do Osvaldo era um toque de alerta. Muito da nossa experiência americana não era relevante na cultura brasileira.

26 de janeiro de 1965: Mais uma sessão com Osvaldo a noite passada. Ele é uma das pessoas mais difíceis que já encontrei – mais próximo de um livre pensador do que qualquer outra coisa. Postulou uma filosofia que envolvia reencarnação e divindades indefinidas. Após lermos diversas Escrituras que contrariavam a sua posição, ele disse, 'Tudo bem. Na verdade, nem acredito nisso. O que você acha de . . . ?'

29 de janeiro de 1965: Outra sessão com Osvaldo a noite passada. Entramos em João 1. Tocou-o profundamente. Acho que está entendendo.

18 de março de 1965: Osvaldo confiou no Senhor na noite passada. Engraçado: suas perguntas eram de cunho intelectual. Seu problema era um pecado com o qual não sabia o que fazer. E que não conseguia resolver até ter Cristo em sua vida.

Jim seguiu outra pista no início daquele ano, quando aguardava parado no balcão de uma lojinha.

Registrou aquela experiência em seu diário:

15 de janeiro de 1965: Eu estava em uma loja de produtos artísticos hoje, emoldurando algumas figuras. Outro cliente trouxe um diploma da Universidade de Michigan para emoldurar. Seu nome é Henrique e tem 21 anos. Perguntei-lhe sobre o diploma. Seu inglês era impecável, sem sotaque. Nunca morou nos Estados Unidos, e obteve seu diploma à distância. Tem uma escola de idiomas aqui na cidade, a Yázigi. Convidou-me para ir ao seu apartamento, onde conversamos um pouco mais.

24 de fevereiro de 1965: Ontem, enquanto tomávamos chá, expliquei o evangelho ao Henrique. Sua resposta foi uma surpresa. Disse, 'Conte comigo. Converta-me primeiro, e tenho uma escola inteira cheia de gente com a qual você pode trabalhar.' Valeu a pena esperar e convencê-lo. Temos um encontro marcado às 10 horas hoje para aprofundar a conversa. Obviamente, ele ainda não entende o que diz estar tão pronto para crer.

À tarde: Encontrei com Henrique e o trouxe aqui para casa. Queria saber o motivo de Marge e eu estarmos aqui. Com base em 2 Coríntios 5:19-20, expliquei que estamos aqui para levar pessoas a Cristo. Ele gostou. Passamos a tarde juntos. Levei-o a várias escolas para que promovesse sua escola de idiomas. Ele não parava de falar sobre sua decisão de seguir a Cristo. Naquela noite, ele falou com Francisca (sua esposa). Ela foi positiva.

8 de março de 1965: Ontem, expliquei A Ponte a Francisca. Não consigo entender sua resposta. Preciso orar por ela!

15 de março de 1965: Henrique e eu estávamos na sauna juntos há uns dez dias. Ele me mostrou sua empresa. Tinha 78 alunos e precisava de 138 para pagar as despesas. (Eu tinha feito os cálculos; ele, não.) Perguntei-lhe se Deus estaria interessado em sua empresa. Ele acreditava que não. 'Por que não?' perguntei. 'Porque minha empresa é pessoal, é para mim. Deus não estaria interessado nisso.' Contestei sua resposta e oramos—num calor de 54 graus. Pedimos a Deus que lhe trouxesse alunos suficientes para que tivessem uma vida tranquila.

Agora, 10 dias depois, a bênção de Deus sobre os Arnholdts é assombrosa. A empresa explodiu. Estão com 140 alunos. Francisca está impressionada com a resposta. Henrique está testemunhando perante seu irmão Henir e seu amigo, Berardo.

Outro conjunto de pistas veio de uma série de palestras na Universidade Federal em Curitiba, ministradas por um psiquiatra suíço, o Dr. Hans Burki. Jim foi convocado por um representante da Intervarsity Christian Fellowship para ser intérprete do Dr. Burki, o que o colocou em contato com inúmeros estudantes. Um deles era Mario Nitsche, que permaneceu após a palestra e fez várias perguntas, o que chamou à atenção de Jim. Combinaram de se encontrar alguns dias mais tarde e continuar a discussão. Mario tinha trocado sua educação católica por uma visão marxista na juventude e tinha começado a ler sobre filosofia. Tinha atração por Bertrand Russell e lia exaustivamente sua obra, tendo escolhido *Por Que Não Sou Cristão* como a sua nova Bíblia.

Outro estudante questionador ficou para conversar com Jim. Curt Lorenz era de Timbó, uma cidade pequena, mas altamente industrializada, do Estado vizinho de Santa Catarina. Típica das famílias alemãs que tinham imigrado para o sul do Brasil na primeira metade do século vinte, a família Lorenz era muito bem sucedida. Curt e seu irmão Hans estudavam direito e economia, e se preparavam para assumir a administração dos negócios da família. Criado na Igreja Luterana alemã, Curt estava no processo de abandonar a maior parte do sistema rígido e restritivo de crença que tinha absorvido. Ainda havia algumas perguntas incômodas, sobre as quais ele e Jim começaram a conversar.

Quatro nomes: Osvaldo, Henrique, Mario e Curt. Quatro fios de meada que nos levaram a extensas redes de amigos, família e parentes. Olhando para trás, é absolutamente incrível quando pensamos no número de pessoas com quem nos envolvemos nos anos que se seguiram, em função dessas quatro pessoas.

Nossa cultura americana voltada para resultados permeia nosso pensamento, e nos faz buscar grandes números, eventos e feitos. Com isso, acabamos ignorando a importância do indivíduo. Aprenderíamos, em tempo, o incrível valor de investir na vida de uma única pessoa a cada vez.

No início do ano escolar de 1967 éramos doze . . . um número que soava familiar. (Frente, da esquerda para a direita: Walter M., Ken, Onofre, Curt, Osvaldo; Atrás, da esquerda para a direita: Dinho, Nelson, Hans, Henrique, Jim, Renny e Egon.

7

Identidade e Identificação

Entramos no Brasil com vistos temporários, e demos entrada no processo de convertê-los em vistos permanentes. No início, tínhamos a impressão de sermos calouros em um curso em burocracia brasileira, que foi se complicando com o tempo.

Sem o visto permanente, não podíamos fazer nossas carteiras de motorista. A carteira provisória de motorista era emitida por sessenta ou noventa dias, dependendo da boa vontade do atendente atrás do balcão. O procedimento de renovação parecia mudar a cada vez. Aguardei em uma longa fila, só para ser informado que precisava de novas fotos, do tamanho de selos postais. Voltei no dia seguinte com as fotos em mãos e tive que enfrentar outra longa fila, e fui informado de que deveria pagar uma taxa no Banco do Brasil.

Então foi motivo de festa quando, depois de mais de um ano no país, finalmente recebemos nossos vistos permanentes e carteiras de identidade, parecidas com as cadernetas de poupança usadas pelos bancos. Portar nossas carteiras de identidade se tornou um hábito; como dizia o slogan do American Express, nunca saíamos de casa sem elas.

Mas surgiu outro problema na mesma época, relativo a identificação, que não tinha nada a ver com vistos ou passaportes. Desta vez, tinha a ver com o modo como nos apresentávamos às pessoas que conhecíamos. Como nos identificar diante dos vizinhos, estudantes, vendedores e curiosos que queriam saber o que estávamos fazendo em seu país? Logo entendemos que ser rotulado de "missionário" não era uma vantagem. Na maioria dos casos, e em especial com estudantes universitários, gerava uma rejeição imediata.

Imagine como você responderia se uma família de outro país se mudasse para seu bairro ou condomínio e se apresentasse como missionários. Que perguntas viriam à sua mente? Você provavelmente se perguntaria, *Será uma nova religião que estão trazendo para nosso país?* Ou *Vão tentar me converter?* Até começar a achar respostas a essas perguntas, você não teria muito interesse em nada do que tivessem a lhe dizer.

Havia muitos missionários no Brasil, literalmente de todos os cantos do mundo! Era fácil identificar os Mórmons pelo modo como se vestiam. Muitos missionários protestantes vestiam ternos escuros, carregavam grandes Bíblias e quase sempre distribuíam literatura nas ruas ou pregavam nos parques, usando megafones portáteis. Não nos encaixávamos em nenhum desses estereótipos o que, por sua vez, criava outro problema.

Achavam que éramos agentes da CIA.

No começo, achávamos engraçado. De brincadeira, Jim perguntou a um visitante de nosso escritório nos Estados Unidos sobre uma grande quantia de doações de alguém chamado Charles Ivan Anderson, imaginando que suas iniciais seriam CIA.

No entanto, percebemos que quando conhecíamos alguém, havia um clima palpável de suspeita. Isso valia em especial para os estudantes. Eu usava uma câmera Yashica SLR naquela época, e tinha montado um quarto escuro no porão da nossa casa. Todas as vezes em que usei a câmera com a teleobjetiva, devo ter contribuído para minha caracterização como agente da CIA, tirando fotos de subversivos em potencial!

Então, uma manhã fui ao Consulado Americano no centro de Curitiba para pegar alguns formulários que eu precisava preencher para meu imposto de renda. Enquanto aguardava pelos formulários no balcão, o cônsul apareceu e me cumprimentou com um aceno simpático. Eu não o conhecia bem, mas tínhamos sido apresentados um ao outro numa festa dada por um empresário americano. Momentos depois, o atendente voltou com os formulários e uma mensagem: "O cônsul gostaria de convidá-lo para uma xícara de café em seu gabinete."

Enquanto tomávamos café, conversamos sobre o clima, nossas famílias e, então, ele mudou de assunto de repente. "Entendo que você e seu amigo Petersen conhecem muitos estudantes universitários. Eu tenho interesse em saber o que estão dizendo sobre o envolvimento do nosso governo no Vietnã."

Imediatamente, me senti desconfortável com a pergunta e com o fato de ser feita naquele local. Ironicamente, ele estava sentado em frente a uma grande janela pela qual eu podia ver um dos edifícios principais da universidade, do outro lado da rua. Pensei sarcasticamente comigo mesmo, *Por que você não sai de trás dessa mesa, anda pela rua e conversa diretamente com alguns estudantes?*

Em vez disso, respondi vagamente, "Olha, estão dizendo o mesmo que muitos estudantes nos Estados Unidos."

Aparentemente sem perceber minha relutância, ele me assustou com o que disse a seguir. "Você sabe que temos vários outros jovens missionários com a . . ." e citou um grupo de uma igreja americana conhecida — "que vêm aqui regularmente nos dizer o que estão ouvindo em suas conversas com jovens brasileiros. Gostaria que você considerasse fazer o mesmo para nós. Haveria remuneração, naturalmente, pelo uso do seu tempo."

Lá estava minha chance de tornar oficial e real o trabalho para a CIA! Mas minha resposta imediata a ele foi, "Eu realmente não me sentiria confortável fazendo isso. Muitos desses estudantes se tornaram meus amigos, e eu não trairia esta amizade."

Assim terminou nossa conversinha. Mais tarde, Jim e eu decidimos que deveríamos sair do circuito social estrangeiro na cidade, que incluia empresários americanos e funcionários do governo dos EUA. O contato com essas pessoas poderia facilmente ser mal interpretado como uma conexão questionável com negócios ou governo.

Outro incidente ocorrido mais ou menos na mesma época revela o grau de suspeita e desconfiança com o qual estávamos lidando. Um dos estudantes com quem Jim estava lendo o evangelho de João foi questionado por seus amigos em função de seu contato com americanos. "Como é que você sabe que esses caras não são agentes da CIA disfarçados?" Ele percebeu que, quando aparecia em nosso escritório e Jim não estava lá, eu fazia café, e retomávamos o evangelho de João a partir do ponto em que ele e Jim tinham parado.

Então começou a imaginar se, na preparação para nossa tarefa secreta, não teríamos nos familiarizado apenas com o evangelho de João como base das discussões. E planejou um esquema para testar sua teoria. Usando a Bíblia que Jim tinha lhe dado, abriu-a em uma página aleatória do Velho Testamento e começou a ler 1 Samuel sobre a consulta do Rei Saul à uma feiticeira de Endor. *Perfeito*, pensou ele.

Alguns dias depois, quando fui ao escritório, Jim comentou, "Mario esteve aqui há pouco e veio com uma pergunta bem esquisita. Queria saber se há algo na Bíblia sobre uma feiticeira em um lugar chamado Endor. Pareceu bem surpreso quando o fiz abrir em 1 Samuel e ler a história."

Anos se passaram até ouvirmos do Mario o seu lado da história, quando nos contou que concluiu que ninguém conseguiria manter as aparências por tanto tempo! Mas era mais um dos exemplos da nuvem de suspeita em que vivíamos mergulhados.

Ao lidarmos com este problema, percebemos que não haveria solução fácil. Rimos muito sobre a possibilidade de usar um cartão pessoal que dissesse, "O Portador deste Cartão Não é um Agente da CIA." Concluímos que apenas poderíamos continuar tão abertos e transparentes quanto possível, o que envolvia convidar estudantes para irem às nossas casas e conhecer nossas famílias.

Então, em 12 de outubro de 1968, um grupo de terroristas assassinou, numa emboscada, Charles Rodney Chandler, um veterano do Vietnã de trinta anos de idade que estudava sociologia numa pequena faculdade particular em São Paulo. Ele tinha dado várias entrevistas sobre a guerra aos militares e tinha atraído a atenção de terroristas. Anos mais tarde, um historiador brasileiro escreveu que ele tinha sido morto não por ter feito algo errado, mas por ser americano. Ao matá-lo, os terroristas atraíram publicidade internacional para sua causa.

Alguns meses após esse incidente, Jim e eu nos encontramos com alguns amigos missionários para preparar um plano de contingência, caso algo do tipo ocorresse conosco. Percebemos que estávamos entre as linhas de batalha de uma zona de guerra, enfrentando perigos de ambos os lados. Como Chandler, poderíamos atrair a atenção de grupos terroristas que nos assassinariam, achando que éramos agentes da CIA disfarçados, colaborando com a ditadura militar. Ou a polícia militar brasileira e agentes do governo poderiam invadir o apartamento de um estudante onde nos reuníamos com frequência. Se acontecesse de estarmos no lugar errado e no momento errado, seríamos levados a uma base militar, presos e interrogados. Em muitos casos, as pessoas simplesmente desapareciam para sempre, ou "morriam, enquanto estavam tentando escapar da prisão," o que significava que tinham sido torturados até a morte.

A história daquele período está sendo escrita agora, sem a censura que controlava a mídia de então. Ao ler as histórias do que aconteceu a centenas de pessoas, é inevitável sermos tomados por uma profunda sensação de que estávamos sob proteção divina.

Identidade e Identificação 67

*Criar um ambiente para que os estudantes entrassem nas
Escrituras se tornou nossa marca registrada.*

8

Decisões Nada Fáceis

A Universidade Federal do Paraná não fica localizada num campus centralizado, como a maioria das universidades americanas. É dividida e separada por departamentos, ou faculdades. Assim, o departamento de agronomia fica do outro lado da cidade em relação à engenharia, enquanto as faculdades de medicina e odontologia ficam próximas ao centro da cidade.

Precisávamos de uma localização central para o ponto de encontro com os estudantes. Então, uma das minhas primeiras tarefas após me instalar em Curitiba foi sair à procura de um escritório.

Encontrei o lugar perfeito em uma das avenidas principais, que cortava o centro da cidade, a Marechal Deodoro, que recebeu o nome do primeiro presidente do Brasil. Era um edifício de três andares, com uma pequena loja de artigos esportivos no térreo. Uma única entrada na calçada dava para um corredor, e uma firma de advocacia ocupava um conjunto de escritórios na parte de trás do edifício. Depois de um lance de escada, achei à esquerda dois pequenos escritórios com uma porta entre eles, que estavam vazios.

Quando desci as escadas e voltei ao escritório de advocacia para indagar sobre o aluguel, consegui não apenas alugar os escritórios, mas fiz amizade com o jovem advogado que me cumprimentou. A amizade com Carlos Fernando Correa de Castro e sua esposa Mara foi um dos pontos altos de nossos anos no Brasil, e dura até hoje.

Depois de uma demão de tinta nova nas paredes, e cortinas nas janelas, trouxemos uma mesa e cadeiras, um sofá e duas escrivaninhas onde Jim e eu podíamos trabalhar. Assinamos alguns jornais. Contudo, provavelmente o item mais importante era uma mesinha próximo à pia, que continha um fogareiro, um bule, uma panela e um conjunto de xícaras e pires de cafezinho.

Um chaveiro fez as cópias das chaves do escritório e da entrada do edifício. Assim que fazíamos amizade com um estudante e começávamos a ler as Escrituras juntos, dávamos a ele um conjunto de cópias daquelas chaves. Era comum que Jim e eu chegássemos ao escritório e encontrássemos vários estudantes lá, bebendo café, lendo os jornais, e passando um tempo juntos, debruçados sobre a Bíblia.

Só muito mais tarde nos demos conta de como aquele escritório foi importante para estabelecer nossa identidade. Além do café e dos jornais, era um local seguro e conveniente, a que os estudantes podiam trazer suas questões filosóficas e religiosas, sabendo que eram bem vindos. As discussões abrangiam assuntos de economia, política, moralidade e ética. Mas a conversa sempre voltava à pilha de Bíblias no fim da mesa. Nossa identidade foi definida pela nossa familiaridade com a Bíblia e a pessoa de Cristo, retratada em suas páginas.

Além de montar o escritório, comecei a passar meus fins de tarde na escola de inglês do Henrique. Ele me orientou brevemente sobre os métodos e materiais, e me apresentou a uma turma como substituto de um de seus professores regulares, que estava em férias. Naquela mesma ocasião, um aluno ficou para um papo após a aula, misturando inglês e português. Apresentou-se como José Onofre. Saímos da escola, e ele me levou a uma das inúmeras cafeterias que haviam por ali.

Depois de uma xícara de café, voltamos à rua e continuamos nossa conversa. Logo vários outros alunos da turma se juntaram a nós. Naquele momento, cercado pelos estudantes, me dei conta de que, um ano antes, Jim e eu tínhamos caminhado por aquele mesmo trecho da rua, orando. Pedíamos especificamente que Deus nos inserisse nesses grupos de jovens, que se reuniam para um café e uma conversa. Agora, lá estava eu, dentro de um grupo, começando uma amizade com aqueles jovens brasileiros.

Meu contato com José Onofre continuou até o fim das férias de verão, quando suas aulas recomeçaram na universidade. Apareceu na escola para informar ao Henrique e a mim que tinha conflitos nos horários e teria que sair da aula. Como eu não queria perder contato com ele, convidei-o para um jantar com minha família.

Quando chegou aquela noite para jantar, meus três filhos o cumprimentaram com carinho. Como já tinham sido orientados, sentaram-se no sofá ao lado de Onofre e uma pilha de seus livros de história favoritos, em inglês, naturalmente. Com um sorriso, disse-lhe que sua tarefa era ler algumas histórias para os meninos enquanto eu ajudava Carol a servir o jantar. E saí da sala, lembrando os meninos de corrigi-lo na pronúncia de toda e qualquer palavra.

Mais tarde, depois dos meninos irem para cama, Carol nos serviu um café na sala e Onofre começou a perguntar sobre a razão de termos vindo ao Brasil. Respondi, contando-lhe a história de minha própria busca espiritual.

Em meu diário, na manhã seguinte, com data de 17 de março de 1966, escrevi:

> Onofre e eu nos encontramos ontem à noite. A conversa surgiu naturalmente, para que eu lhe contasse a história. Foi natural e fácil. . . . Ele respondeu com interesse e animação. Discutimos o fato de que Deus tinha um plano para sua vida, e lemos Efésios, capítulo 1. Isso despertou seu interesse ao máximo. É um Católico típico . . . admitiu que perdeu interesse na igreja nos últimos dois anos, mas ainda tinha muitas perguntas sem resposta.

Algumas semanas depois, começamos a ler o evangelho de João, buscando respostas às suas perguntas. Tornou-se prática comum levar jovens como Onofre à Bíblia, explicando que era um documento histórico, a fonte original de informação sobre a vida e os ensinamentos de Jesus Cristo. Esclarecíamos que nosso objetivo era entender o que o autor estava dizendo; não tinham que aceitar ou acreditar. Nossa intenção era abordar algumas perguntas simples: Quem era a pessoa histórica de Jesus Cristo? O que ele esperava em resposta dos que o ouviam? E, afinal: Se Jesus era de fato quem ele afirmava ser, que diferença faria?

Na maioria dos casos, esses jovens nunca tinham tido uma Bíblia nas mãos, muito menos lido ou estudado seu conteúdo. Se disséssemos, "Abra no evangelho de João," o estudante começava a folhear a Bíblia de trás para frente, numa busca desesperada. Para evitar este constrangimento, dizíamos, "Abra na página 112," o que, em nossa pilha de Bíblias baratas publicadas pela Sociedade Bíblica Brasileira, equivalia a João, capítulo 1. É aí que Onofre e eu começamos.

Continuei a passar vários fins de tarde na escola de inglês do Henrique. Ele me deu um guard-pó branco usado pelos professores. Ficávamos sentados atrás da mesa da recepção enquanto os alunos vinham chegando, e conversávamos em inglês. Uma espécie de amostra grátis de nossa fluência no idioma que estávamos ensinando! Henrique conseguia, sem pestanejar, falar inglês com um sotaque americano impecável e mudar para o sotaque britânico.

Aqueles fins de tarde trouxeram oportunidades constantes de conhecer estudantes. À medida que as amizades cresciam, com frequência acabávamos abrindo a Bíblia juntos.

Em abril, assumi outra turma, quando um dos professores do Henrique saiu. Era um grupo de cerca de vinte estudantes de engenharia, colegas de faculdade. Um grupo animado e engraçado, que sempre me convidava para sair depois da aula para um cafezinho e um papo, no calçadão da Rua XV.

Certa vez, uma das aulas que eu dava envolvia a palavra *waffle*. Meus alunos não tinham a mínima ideia do que era um *waffle*. A regra na aula era nunca falar português, o que não teria ajudado muito neste caso, já que não há tradução direta da palavra. Fiz desenhos de um *waffle* no quadro negro, tentei explicar do que era feito, mas não chegamos a lugar nenhum. Em desespero, acabei sugerindo, "Você gostariam de ir à minha casa uma noite dessas, e comer um *waffle*?"

Comida de graça é coisa que um estudante raramente recusa. Quando voltei para casa aquela noite, disse a Carol que tinha convidado vinte alunos para comer *waffles* no domingo à tarde. Ele achou que eu tinha enlouquecido. Mas logo aceitou o desafio, emprestou uma máquina de fazer *waffles* da Marge Petersen, e preparou a lista de compra dos ingredientes.

Foi uma tarde inesquecível. Os brasileiros não costumam misturar comida salgada e doce, então o waffle, coberto por um molho doce estilo americano feito pela Carol, provocou discussões sobre se o que comíamos era o jantar ou a sobremesa.

Quando já não havia mais nenhum *waffle*, os rapazes ficaram na sala de estar, ouvindo música. Alguns jogavam xadrez, outros disputavam um ruidoso jogo de baralho, e outros liam nossos livros e revistas. Foi quando um dos alunos, Nelson Lopes, começou a folhear uma edição de Natal da revista Ideals. Eu estava perto dele, que virou uma página e perguntou, "Isto é uma citação da Bíblia?"

"Sim, do Velho Testamento, livro de Isaías." Já passava da meia noite quando registrei em meu diário o que aconteceu a seguir:

> *29 de maio:* Enquanto olhávamos a revista, ele começou a falar de seu interesse em ler a Bíblia e da dificuldade de encontrar pessoas interessadas em discuti-la. Falei-lhe de meu contato com Onofre, meu estudo com ele, e o convidei para se juntar a nós. Ele imediatamente aceitou.

Na semana seguinte, quando nos encontramos no escritório com o Onofre, Nelson começou dizendo, "Meu pai é Católico, e minha mãe é Luterana. Um dos meus melhores amigos é da Ciência Cristã e, quando estou doente, consulto um médium espiritual, em vez de um médico. Então, tenho muitas perguntas!"

Durante os meses seguintes, minhas anotações documentaram as horas que passei com Onofre e Nelson. Durante um tempo, foram apenas os dois. Mas Onofre apresentou seu primo Palhano e Mario, um dos amigos de sua cidade natal. Retornamos ao início e recomeçamos novamente de João, capítulo 1. Nelson continuou a aparecer no escritório para sessões individuais e, às vezes, trazia junto um amigo.

Em 24 de outubro de 1966, após quase cinco meses de leitura das Escrituras e resposta às suas perguntas, registrei em meu diário: "Ele finalmente perguntou, 'O que preciso fazer?' Expliquei e, momentos depois, orei e ele orou. Com toda a liberdade e clareza . . . 'Quero que Cristo entre em minha vida e assuma totalmente o controle.'"

Ao fim daquele ano, estava claro para nós que tínhamos feito uma mudança drástica no modo como evangelizávamos. Não havia decisões fáceis e rápidas depois das apresentações da mensagem, com o uso de ilustrações como "A Ponte" ou "As Quatro Leis Espirituais," O evangelismo não era mais um evento, mas um processo que se estendia por meses e, em alguns casos, por anos.

Estávamos observando que o evangelismo e o discipulado estavam fundidos num só processo. Em muitos casos, não tínhamos como determinar quando um terminava e o outro começava. Além disso, era evidente que a mensagem não poderia ser comunicada meramente por fatos teológicos. As informações precisavam ser compreendidas no contexto da amizade, que levou aquelas pessoas a se tornarem parte de nossas vidas.

Isso significa que nossos casamentos, o modo como amávamos e educávamos nossos filhos, nossos comportamentos em festas e eventos sociais, todos os aspectos de nossas vidas se combinavam agora para encarnar a cultura do reino.

Até mesmo comer *waffles*.

9

Manhãs de Domingo

Durante os meses que antecederam nossa mudança para o Brasil, li muito para aprender sobre o país. Junto com os livros sobre história, política e economia do Brasil, absorvi os relatórios envernizados de revistas e missões cristãs sobre "a igreja que mais cresce no mundo." Naturalmente, fiquei animado com a ideia de que participaríamos e contribuiríamos com este rápido crescimento.

Assim que chegamos ao Brasil, nossa percepção dessa "igreja que mais cresce" começou a mudar. Começou quando conheci o grupo de rapazes durante a feijoada. Para eles, a ideia de se envolver com uma igreja evangélica protestante tinha profundas implicações culturais e sociais. Geraria tensão com a família e, em alguns casos, resultaria em alienação. Tornar-se um "crente," como muitos evangélicos se autodenominam, significava identificar-se com um conjunto de regras arbitrariamente determinadas e legalistas, que não eram atraentes aos estudantes universitários brasileiros que gostavam mais de festa e conversa. Naquela época havia regras, por exemplo, contra ir a jogos de futebol e ao cinema.

Quando nos mudamos para Curitiba, começamos a frequentar uma igreja presbiteriana próxima ao centro da cidade. O pastor era um brasileiro de boa formação, e nos sentíamos confortáveis com a semelhança daquele lugar às igrejas que frequentávamos nos Estados Unidos. A ordem do culto seguia o mesmo padrão com o qual tínhamos crescido: "A Doxologia," hinos familiares, com tradução do inglês para o português, uma leitura das Escrituras, um hino cantado pelo coral, uma oferenda e comunicados, e um sermão seguido da bênção.

Então, em março de 1967, quando Nelson se mudou para nosso porão para fazer seu último ano de universidade, parecia natural levá-lo junto conosco à igreja no domingo. Mas logo ficou muito claro o quanto ele se constrangia com tanta coisa estranha. Para complicar tudo ainda mais, era Domingo de Comunhão. À medida que se passavam as bandejas com pão e suco de uva, ele foi ficando pálido, e transpirava muito. Achei que poderia estar doente, e lhe perguntei se estava tudo bem.

Muito calado durante o almoço, desceu para seu quarto, onde ficou até mais tarde. Carol estava fazendo café, e pedi a um dos meninos que fosse convidá-lo a se juntar a nós para um cafezinho. Ao terminarmos o café, ele fez uma pergunta que nunca esquecerei: "Vocês sabem que entreguei minha vida a Cristo. E quero aprender tudo o que puder com vocês durante meu último ano de faculdade. Mas minha pergunta é: morar nesta casa significa que tenho que ir à igreja com vocês todo domingo?" Percebendo as implicações do que ele perguntava, assegurei-o de que, "Não, morar conosco não significa que você tenha que ir àquela igreja."

Na conversa que se seguiu, ficou óbvio que exatamente o que nos deixava confortáveis no culto daquela igreja era o que o deixava desconfortável. Entrar naquela igreja era como ser transportado para a Grã-Bretanha ou a América do Norte. A arquitetura, a decoração, as becas do coral, o desenho dos bancos, tudo refletia a origem da denominação presbiteriana. Para nós, era como estar em casa. Para Nelson, tudo era estranho.

Algumas semanas depois, Carol e eu jantamos com o pastor e sua esposa. Aprendi a respeitá-lo profundamente e gostava de ouvir suas pregações. Contei-lhe sobre este incidente com Nelson e lhe pedi seu conselho. Registrei sua resposta em meu diário, na manhã seguinte:

> O problema que você tem nas mãos é difícil. Tirar um novo cristão da igreja católica gera uma crise social e familiar que dura a vida inteira. Ao mesmo tempo, enquanto ele não sair da igreja católica, a maioria das igrejas protestantes não estará pronta para aceitá-lo. Neste caso, ele recebeu amor, compreensão e amizade de você e de seus pequenos grupos, o que a maioria das igrejas não pode oferecer. Na verdade, podem acabar impondo sobre ele um sistema hierárquico que não é muito diferente do que o que ele acabou de deixar para trás. . . . Parece-me que você precisa continuar a alimentar esses novos cristãos em pequenas comunidades ou famílias, sem se preocupar muito com o seu encaminhamento para a igreja estabelecida.

Em sua sabedoria, as palavras do pastor brasileiro

foram proféticas; foi exatamente o que aconteceu nos anos que viriam.

O que surgiu tomou a forma de uma palavra que ouvíamos os estudantes usando: "turma." Um encontro informal de amigos para alguma finalidade específica. Os estudantes sempre se reuniam em turmas para trabalhos acadêmicos ou para estudar para alguma prova. Um indivíduo pode pertencer a uma turma que se encontre uma vez por mês para jogar truco. As mulheres frequentemente formavam uma turma para seus projetos. Assim, a palavra "turma" era culturalmente ideal para identificar grupos livremente reunidos de estudantes, que se encontravam para ler a Bíblia e discutir sua relevância à vida moderna.

Era interessante que a palavra grega *ekklesia*, traduzida como "igreja," tinha um significado mais amplo e secular, e próximo à palavra "turma." Lucas usa *ekklesia* em Atos 19:32, 39 e 41 para descrever a multidão incontrolável em Éfeso.

Ao longo dos meses seguintes, nossas idas à igreja se tornaram mais esporádicas, à medida que a turma se tornava mais real. Um exemplo foi algo que chamamos de "estudo aberto." Era uma expressão do nosso esforço em aproveitar a cultura relacional brasileira. Relacionamentos eram muitos valorizados e ficou claro que, à medida que os estudantes mergulhavam na Bíblia conosco, falavam a seus amigos sobre o que estavam aprendendo. Muitos desses amigos mostravam interesse, mas ainda não estavam prontos para o estudo nos grupos pequenos. Tinham muitas perguntas e só queriam conhecer o ambiente envolvido. Seria um lugar seguro para falarem sobre suas descrenças e dúvidas, ou teriam que engolir pregações?

Tentamos fazer estudos durante a semana à noite,

e aos sábados, mas acabamos usando as manhãs de domingo, quando os estudantes não tinham outras atividades. O planejamento desses eventos envolvia uma lista de nomes, que começava com os que já estavam nos grupos pequenos ou que faziam estudos individuais. Então, perguntávamos, "Com quem você tem conversado — amigos, colegas, conterrâneos, namoradas — e que gostaria de convidar para o estudo aberto?"

Na sexta e sábado anteriores ao estudo aberto, repassávamos as listas para ver quem precisaria de carona. Jim e eu levantávamos cedo e, não raro, fazíamos várias viagens com o carro cheio, levando o pessoal até nossas casas. Não era incomum irmos até as pensões, dormitórios ou apartamentos e tirarmos os rapazes da cama. Depois das festas da noite anterior, aquela tarefa era um desafio.

Carol e Marge preparavam uma mesa com pãezinhos, queijo, frios e goiabada, e algumas jarras de café passado na hora e leite quente. Depois de todos chegarem e comerem algo, nos reuníamos na sala, espalhados pelo chão ou apoiados nas paredes. Alguns ainda bebiam café; outros fumavam próximo aos cinzeiros. Nossos filhos, que eram em cinco àquela altura, misturavam-se aos estudantes e presenciavam as discussões.

Nas primeiras vezes em que organizamos esses estudos, Jim e eu preparamos uma breve apresentação sobre algum aspecto do evangelho, como a divindade de Cristo, seus milagres, a ressurreição. Logo repassamos isso aos que tinham despertado para a fé, orientando-os na preparação. A apresentação durava quinze a vinte minutos, e estava aberta a discussão.

Essas discussões abertas e sem restrições quase

sempre duravam mais do que uma hora. Às vezes, Jim ou eu oferecíamos uma resposta, mas nosso papel acabou se tornando o de orientar os que já tinham lido as Escrituras conosco em como responder às perguntas básicas com base na Bíblia, e não em argumentação.

Ao fim das discussões, os estudantes voltavam para suas atividades diárias. Alguns ficavam e almoçavam conosco. Às vezes, um grupo ia a um jogo de futebol, ou ao cinema. Mas o assunto discutido aquela manhã os acompanhava aonde quer que fossem, e garantia conversa para o resto da semana.

Os domingos se tornaram momentos centrais. Mesmo quando não tínhamos estudos abertos, aconteciam encontros espontâneos de estudantes, que acabavam ficando lá em casa o resto do dia. Fazíamos churrasco no estilo brasileiro, assistíamos a um jogo de futebol na TV, jogávamos baralho, ou conversávamos longamente, em geral sobre algo das Escrituras e questões de suas vidas.

A cada quatro a seis semanas, Jim e eu passávamos um dia num parque com vista da cidade. Revisávamos nossas listas de nomes de estudantes com quem estávamos estudando as Escrituras e seus amigos, que tinham vindo ao estudo aberto. Conversávamos sobre cada pessoa, dividindo nossas ideias e observações, e tentando responder a quatro perguntas:

- Do que precisam?
- Do que precisam, neste momento?
- O que poderíamos fazer para atender a esta necessidade?
- Se o fizéssemos, qual seria a experiência daqueles que estamos tentando alcançar?

Encerrávamos com oração para cada um deles.

Durante um desses momentos juntos em maio daquele ano, atualizei Jim sobre o que acontecia em nosso relacionamento com Nelson em relação à sua noiva, Gita Bircholz, de sua cidade natal. Conhecemos Gita e seus pais enquanto visitavam Nelson, e ficamos impressionados com a vivacidade e graça daquela jovem. Numa noite após o jantar, numa conversa com Carol e eu, Nelson fez uma observação interessante e uma proposta surpreendente. "Depois desses meses com vocês, é óbvio que, para Gita e eu vivermos o tipo de casamento que queremos, ela precisa entender a mensagem de Cristo como eu. Estávamos planejando nos casar no fim deste ano, assim que eu me formasse. Mas, em vez de esperar até dezembro, o que acham se nos casássemos nas férias de julho, e morássemos com vocês até o fim do ano?"

Carol e eu ficamos sem palavras. O espaço do porão era limitado, mas viável. Concordamos, desde que Gita e seu pais também o fizessem. Pessoalmente, eu tinha minhas dúvidas; não podia imaginar como os pais de ambos concordariam com um modo tão ortodoxo de um jovem casal iniciar sua vida de casados.

Para minha surpresa, Nelson voltou de um fim de semana em sua casa contando que todos tinham gostado da ideia, e tinham marcado a data do casamento para início de julho. E, ainda por cima, queriam que fôssemos testemunhas. Na cerimônia tradicional de casamento no Brasil, tanto o noivo quanto a noiva escolhiam padrinhos e testemunhas, casais com quem tivessem um papel especial em suas vidas. Para nós, sermos escolhidos foi uma honra especial.

Nelson e Gita foram o primeiro casal, de muitos, de cujo casamento participamos. Assim que se estabeleceram no nosso pequeno porão, a vida em nossa casa ganhou uma nova dimensão. Nossas refeições à noite ganharam um padrão. Nossos três filhos – agora com sete, cinco e quatro anos — terminavam a refeição, e pediam licença para sair da mesa e ir brincar, enquanto os adultos tomavam café e conversavam. Eram bem vindos no nosso colo, mas sem interromper a conversa. Gita aprendeu a imitar, em inglês, o jeito do Brian de dizer que queria sair da cadeirinha de bebê: "Estou cansado. Não quero mais comer." Entendemos anos mais tarde que essas conversas foram a base do casamento de Nelson e Gita, e uma jornada de fé que vivemos juntos.

Em meio às páginas do meu diário daquela época, encontro uma foto em preto e branco, desbotada, em que aparecem Nelson e Gita, e também Carol, Kent, Danny, Brian, Jim e dez estudantes. Tirei aquela foto durante um retiro de fim de semana na praia, a duas horas de distância de Curitiba. Aquele fim de semana foi marcante. Entre outras coisas, reorganizamos os grupos de estudo semanais que se reuniam no escritório do centro, passando a liderança a vários

dos rapazes mais maduros.

Nas semanas que se seguiram, as notas no meu diário mostravam como seria fácil manter a liderança entre nós mesmo. Mas era outra coisa que queríamos declarar em alto e bom som: isso não era "nosso"; era "deles."

Dezembro chegou, trazendo a clara noção de que se iniciava um período de transição. Jim e Marge saíram do país pouco antes do Natal, para visitar família e amigos nos Estados Unidos. Voltariam em junho de 1968, e agosto seria nossa vez. E quando retornamos a Curitiba em maio de 1969, estávamos prontos para entrar numa nova fase.

Foto na página 84: Marge Petersen serve mais um cafezinho.

Parte 2

1969-1976

10

Retorno e Transição

Não era um prado alpino nas montanhas da Suíça. Na verdade, era um pasto de fazenda numa área de floresta no vale do Rio Itajaí, no Estado de Santa Catarina. Nas férias de julho, levamos um grupo de estudantes a este lugar distante para um acampamento. Montamos algumas barracas sob pinheiros altos e esticamos uma grande lona sobre postes para servir como cozinha. Cozinhar direto no fogo era um desafio. Anos mais tarde, sempre que aquele pessoal que esteve no acampamento se encontrava, alguém relembrava as histórias engraçadas sobre a comida terrível que preparamos.

Nosso passatempo principal, além de achar lenha para o fogo, era jogar futebol num campo de grama lamacenta perto do acampamento. Antes de cada jogo, o campo precisava ser liberado, retirando-se as vacas e seus "dejetos." Foi durante um desses jogos que ganhei o apelido de "Aranha Branca," pelas minhas habilidades como goleiro e minhas pernas finas e brancas.

Aqueles dias no acampamento foram parte do processo de transição que acontecia em 1969. Os Petersen tinham passado seis meses nos Estados Unidos e, em seguida, foi nossa vez, por um período de oito meses. Durante aquele tempo, tínhamos intencionalmente transferido as responsabilidades de liderança aos estudantes. Significava que não era mais necessário que Jim e eu continuássemos em Curitiba. Era hora de um de nós se mudar.

Já tínhamos decidido que o próximo lugar para lançar um trabalho com estudantes seria Porto Alegre, capital do Estado do Rio Grande do Sul. Tinha duas vezes o tamanho de Curitiba, e um clima político mais agitado. Jack e Barbara Combs, recém enviados ao Brasil pelos Navegadores, tinham acabado de chegar para se juntarem à equipe. Tinham terminado o curso de português e se mudado para Porto Alegre, para conhecer a cidade.

Jack tinha acampado conosco naquela viagem, e mostrado suas habilidades de caubói, dos anos em que cresceu no Novo México. Certa tarde, um cavalo apareceu perdido no acampamento. Jack pegou um pedaço de corda e improvisou rédeas, e se aproximou calmamente do animal. Um minuto depois, tinha montado no cavalo e estava passeando pelo pasto, enquanto todos vibravam e gritavam.

Mais tarde, ao redor da fogueira, Jack deu suas impressões sobre Porto Alegre, e seguiu-se uma discussão sobre iniciar um trabalho com estudantes lá. Surgiram várias ideias de como envolver os estudantes de Curitiba no processo inicial.

Poucas semanas depois daquela experiência úmida de acampamento, aconteceu outro encontro histórico na cidade de Florianópolis, para definir os nossos planos para os próximos anos. No encontro estava um jovem pastor Luterano, Aldo Berndt, seu primo Jorge Berndt, e um estudante de odontologia, Elísio Eger.

Jorge, de apelido "Dinho," era estudante universitário de engenharia química em Curitiba. Tinha feito parte de um dos primeiros grupos a ler o evangelho de João, em 1966. Durante o Natal daquele ano, tinha conversado com Aldo e mencionado o grupo de estudo bíblico em Curitiba, liderado por dois americanos. Sabendo que Dinho era um pouco cético, Aldo ficou logo curioso sobre o que o teria levado àquele grupo. Seu interesse foi crescendo, à medida que Dinho lhe descrevia o relacionamento com o pequeno grupo de estudantes e o modo como interagiam com as Escrituras. Intrigava-o em especial o fato de que seu primo estava conhecendo a pessoa de Cristo, mas continuava longe de ambientes religiosos.

Algumas semanas mais tarde, sem saber o que fazer com o que Dinho descrevia, Aldo procurou Jim no balneário onde estava passando as férias. Estimulado pela conversa que tinha tido aquele dia, Aldo voltou a Florianópolis, determinado a fazer algumas mudanças em seu ministério. Antes de entrar no seminário e se tornar pastor, Aldo tinha se formado em odontologia em Florianópolis, e tinha sido dentista por muitos anos, e ainda mantinha seu consultório.

Elísio tinha ouvido falar de Aldo e decidiu conhecê-lo. Quando a conversa entrou em questões religiosas, Elísio aceitou o convite de Aldo, e começaram a se encontrar para ler o evangelho de João. Então, poucos anos depois, lá estavam Dinho, Aldo e Elísio sentados juntos na mesma sala, falando sobre participar de um projeto para alcançar estudantes pelo evangelho de Jesus Cristo, e não apenas no Brasil, mas em toda a

América Latina.

Após este encontro, Jim escreveu em uma carta,

> Acabei percebendo como nossa oferta pode ter parecido ridícula. 'Junte-se a nós no que fazemos — sem salário, sem cargo, sem garantia. E sem nenhuma experiência anterior no continente inteiro, para mostrar como se faz.'

Naquela carta, ele contava que um dos brasileiros tinha resumido o processo todo assim: "Nossas decisões não podem se basear em nossos medos. Tomamos esta decisão com a convicção de que esta é a necessidade e de que vale a pena, seja qual for o custo." E Jim acrescentou, "Fico pensando se o cheiro do medo não fica sempre pairando ao redor da escola da fé. E se oferecêssemos um salário a eles? Sem medo, mas também sem fé. Deus nos faz prosperar até pelo que não temos."

* * *

No início da tarde de terça-feira, 4 de setembro de 1969, um evento chocou a nação brasileira e mudou a cara do país. Enquanto ia de sua residência oficial para a embaixada no Rio de Janeiro, o embaixador dos Estados Unidos no Brasil, Charles Elbrick, foi arrancado de sua limusine por um grupo de terroristas da guerrilha urbana. As regras e protocolos da diplomacia internacional que garantiam a imunidade diplomática tinham sido violadas. Um acordo sacramentado que protegia diplomatas tinha sido quebrado. O mundo tinha mudado dramaticamente.

A pequena célula terrorista exigia a publicação de

seu manifesto e, mais ainda, a libertação de quinze presos políticos com transporte seguro e asilo político no México, Chile ou Argélia.

A tensão em Brasília, a capital do país, já estava alta, pois dias antes a ditadura do governo militar tinha substituído um presidente em estado de saúde grave, um antigo general do exército. A nação agora era governada por uma junta, composta por cinco oficiais de alta patente. Esta junta enfrentava uma crise sem precedentes, com imensas implicações internacionais.

Até aquela altura, o governo vinha negando, na mídia nacional e internacional, a existência de "presos politicos." Agora, não apenas tinha que admitir o fato a um mundo atento, como também negociar sua libertação com um grupo praticamente desconhecido de terroristas, cujas declarações de crítica ao governo eram lidas no rádio, na televisão e nos jornais.

Naquele momento, parecia que toda a nação brasileira prendia a respiração, enquanto aguardava as últimas notícias do Rio. A simples ideia de que os terroristas pudessem cumprir as ameaças e que o cadáver do embaixador dos EUA pudesse aparecer numa rua do Rio causava arrepios de medo no país inteiro.

Após vários dias, a junta militar atendeu aos pedidos dos terroristas e, no sábado, 6 de setembro, os quinze prisioneiros foram colocados num avião de carga militar e enviados ao México. Assim que sua chegada segura foi anunciada em 7 de setembro, o Embaixador Elbrick foi liberado em uma rua movimentada do centro do Rio. Ironicamente, coincidia com as comemorações de 7 de setembro, o dia da Independência do Brasil. Nos dias e semanas que se seguiram, a reação do governo foi rápida e implacável na perseguição aos grupos de guerrilha urbana. Os participantes do sequestro de Elbrick foram localizados um a um, e presos ou mortos.

Ao experimentar o gosto do sucesso na tática com Charles Elbrick, os grupos terroristas resolveram repetir o processo e sequestraram os embaixadores do Japão, Alemanha e Suíça. Em cada caso, o número de prisioneiros políticos liberados aumentava e acabou envolvendo aqueles que tinham sequestrado Elbrick. O padrão se disseminou e foi usado por grupos terroristas em toda a América Latina e ao redor do mundo.

Ao viver sob a suspeita de sermos agentes da CIA, nós, juntamente com muitos homens de negócios americanos, temíamos virar alvos fáceis para esta nova tática de guerrilha. Isso pesou bastante na decisão de nos mudarmos para Porto Alegre.

Em janeiro, enquanto começávamos a procurar uma casa visando à mudança, houve uma tentativa de sequestro do Cônsul dos EUA em Porto Alegre, Curtis C. Cutter. Antigo fuzileiro naval dos EUA, Cutter estava dirigindo um grande carro americano quando os terroristas, usando um sedã da Volkswagen, bloquearam uma rua estreita próxima à sua residência oficial. Em vez de parar, ele acelerou o que pode e ultrapassou o VW; ao fugir, os terroristas o perseguiram usando uma metralhadora, e o feriram no ombro.

Durante a noite, Porto Alegre virou um campo de guerra, com policiais estaduais e tropas militares patrulhando as ruas e estradas para dentro e fora da cidade. Também havia boatos de que agentes do FBI e da CIA colaboravam com suas contrapartes brasileiras numa tentativa desesperada de localizar e prender todo e qualquer grupo terrorista. Esse era o ambiente para o qual íamos nos mudar e onde íamos começar um trabalho entre estudantes universitários.

O acampamento na serra trouxe momentos de muita diversão, discussões profundas e refeições intragáveis.

11

Universitário Brasileiro
Versus *National Geographic*

O jovem ao meu lado estava irritado. Muito irritado. Ambos aguardávamos no balcão de câmbio na filial curitibana do First National City Bank of New York. Eu estava trocando um cheque que tinha recebido do meu banco em Colorado Springs em cruzeiros brasileiros. O que entreouvi, inevitável pela sua indignação, me fez perceber que a situação era mais complicada do que de costume.

Ele tinha preenchido um formulário de assinatura da *National Geographic*, e veio ao mesmo balcão de câmbio para enviar uma ordem de pagamento em moeda dos EUA. O regulamento exigia que a ordem de pagamento fosse enviada diretamente ao beneficiário — a *National Geographic*, neste caso. Sua assinatura foi enviada em separado. Meses já tinham se passado e ele ainda não tinha recebido a revista. E se irritava cada vez mais ao ouvir do caixa que não havia nada que o banco pudesse fazer.

Desde nosso retorno ao Brasil em maio, eu vinha

orando para que Deus me desse um novo amigo, alguém com quem eu pudesse ler a Bíblia. Tinham se passado semanas e, agora, parecia que Deus pudesse estar atendendo à minha oração.

Terminei a operação, peguei meu recibo e parei ao lado de Dalby, o jovem indignado.

"Com licença. Também sou assinante da *National Geographic*, e entendo o seu problema. Seu formulário de assinatura e a ordem de pagamento chegaram separadamente nos Estados Unidos, e estão armazenados em um imenso computador. Você precisa escrever uma carta, em inglês, que o operador do computador possa entender. Posso ajudá-lo com isso."

Afastamo-nos do balcão de câmbio, e lhe repeti minha oferta, deixando com ele meu cartão pessoal, depois de escrever meu endereço no verso. Ele se recusou a aceitá-lo, mas o amigo que estava com ele o aceitou. Saímos do banco, paramos para nos despedir na calçada, e cada um seguiu seu rumo. Assim que se puseram a caminhar, eu não sabia se nos veríamos novamente — exceto pela promessa em Isaías, e o fato de que ele estava exatamente no trecho de calçada onde Jim e eu tínhamos caminhado e orado cinco anos antes.

Só recentemente ouvi do Dalby o que se passava em sua mente naquele dia. Estritamente alinhado à mentalidade estudantil radical daquele momento, Dalby não queria nada comigo, um gringo. Do seu ponto de vista, todos os estrangeiros eram inimigos e deveriam ser expulsos do país. Havia uma grande possibilidade de eu estar trabalhando com a CIA e não fosse de confiança. Seu amigo o convenceu de que deveriam ver do que se tratava: "Seria interessante conhecer este gringo."

Dias depois, num sábado à tarde, Dalby apareceu no portão de nossa casa. Segundo ele descreve numa carta recente, era território inimigo; precisava estar preparado e atento ao que diria.

Depois de apresentá-lo a Carol e aos meninos, tirei minha pequena máquina de escrever portátil Olympia da caixa, coloquei uma folha de papel e, com o Dalby sentado ao meu lado no sofá, comecei a digitar a carta à *National Geographic*.

Quando estávamos terminando a carta, Carol apareceu com uma bandeja com xícaras de cafezinho, um bule de café fresco e as tradicionais bolachas americanas com pedacinhos de chocolate, ainda quentes do forno. Como se fosse um sinal, Kent, Daniel e Brian chegaram do quintal para suas bolachas e suas xícaras de café, que eram mais leite quente com gotas de café para dar um sabor.

Para ele, foi desconcertante. *Seria possível que o treinamento da CIA envolvesse a família inteira?*, imaginava.

Depois do intervalo, Dalby mostrou o cartão que eu tinha lhe dado no banco e fez uma pergunta que nunca tinha ouvido antes: "Os Navegadores são algum tipo de agência de viagem?" Seu amigo chegou a sugerir que talvez eu fosse algum cientista maluco que dava aulas sobre navegação celestial.

Sem querer passar de imediato ao assunto do que eu fazia no país, respondi com uma risadinha e outra pergunta. "Não, não sou agente de viagem. Você está procurando um?"

"Sim, estou. Eu sempre quis viajar para a Amazônia." Dalby e seu amigo queriam explorar aquela imensidão, daí seu interesse em navegação celestial!

Eu já estava no Brasil há tempo suficiente para

saber que, para muitos jovens brasileiros, a Amazônia era similar ao que o Alasca tinha sido para mim, na idade dele: um lugar de aventura, esperando para ser explorado, e com a promessa de emoção e riqueza. E, também, um lugar de isolamento, para alguém que estivesse querendo fugir de algo.

Perguntei, "Por que você quer ir para a Amazônia?"

Dalby, então, mergulhou numa longa e detalhada descrição de sua vida. Contudo, o foco eram suas circunstâncias atuais. O problema com a assinatura da *National Geographic* não era nada em comparação ao resto. Ele estudava arquitetura na Universidade Federal local, mas lutava para atingir as notas de aprovação. Estava no CPOR, o programa brasileiro de treinamento militar obrigatório, e lamentava o que considerava um alistamento sem sentido e a disciplina rígida do exército. E em meio a tudo isso, havia o relacionamento complicado com a namorada.

Eu ainda estava tentando entender a história toda quando Carol apareceu, anunciando que estava para servir o jantar e que colocaria um prato para o Dalby. Foi mais uma daquelas ocasiões em que Carol demonstrava sua convicção e compromisso com a noção de que nosso trabalho no Brasil envolvia nossa casa, nosso casamento e nossos três filhos ... e convidados de última hora em nossa mesa de jantar.

Enquanto estávamos sentados, algo aconteceu que não entendi, até estar escrevendo este capítulo. A mente de Dalby ainda processava a ideia de que tinha sido convidado para uma refeição com a família do gringo quando pedi ao nosso filho Daniel, com sete anos na época, que orasse. Dalby ouviu, sem jamais ter visto ou ouvido algo assim em sua vida. De repente, sentiu-se tocado ao ouvir Daniel incluir seu nome na oração.

Ficou pensando, *Como esta criança sabe meu nome?*

Mas ouvir seu nome naquela singela oração o convenceu de que era amado e aceito, e que estava seguro em nossa família.

Naquela noite, durante o jantar, Dalby nos contou sobre sua família. Era o mais velho de cinco irmãos e uma irmã, e o primeiro da família a sair de casa para entrar na universidade. Vinha lutando com a solidão da cidade grande, e estar ali com a nossa família era algo que, obviamente, estava gostando.

Depois da sobremesa e do café, sentamos na sala de estar para continuar a conversa. A certa altura, surgiu uma brecha natural para que eu contasse ao Dalby a história da minha jornada de fé. Ele também compartilhou a sua, e fiquei surpreso ao saber que tinha frequentado uma pequena igreja batista com sua família. Falou do seu desencanto com todas as regras e normas, como sendo a razão que o levou a desistir.

Kent, Danny e Brian apareceram para dar boa noite, já nos seus pijamas, prontos para irem para cama. Muitas horas depois, levei Dalby de carro para o apartamento que ele dividia com vários outros estudantes. Naquele momento, ele tinha concordado em começar a ler o evangelho de João comigo. Dalby decidiu que, ainda que estivesse se envolvendo em algo estranho, aqueles possíveis inimigos, os gringos, tinham algo muito precioso que ele precisava conhecer melhor. Mais tarde, reconheceu que Deus tinha usado a oração de uma criança na hora da refeição para tocar seu coração e sua mente.

Poucos dias depois, ele apareceu em nosso escritório no centro. Passei café, peguei duas Bíblias e nos sentamos para começar. Como eu tinha feito tantas vezes antes, expliquei o que íamos fazer: "Estamos lendo a Bíblia como um documento histórico. Você não tem que acreditar nela... apenas entender e responder a pergunta: 'Quem é Jesus Cristo?' Tudo bem para você?"

Ele acenou que sim, e continuei, "Depois de passarmos pelos primeiros capítulos, teremos mais uma pergunta: 'Se Jesus Cristo realmente é quem diz ser, que diferença faria para nós?' Entendeu?"

Ele concordou novamente, e abrimos o evangelho de João para ler os primeiros quatorze versículos. "Certo. Primeira pergunta: Com base no que o autor nos fala no versículo 14, quem é a Palavra de que ele está falando?"

Depois de uma hora, acabamos discutindo o que João queria dizer no versículo 12 com a expressão "aos que o receberam, aos que creram em seu nome." Falamos sobre nos encontrar novamente, marcamos um horário, e ele saiu pela porta.

Eu não tinha a menor ideia se ele voltaria. A única coisa que eu podia fazer era orar—e pedir a amigos que orassem. Como eu tinha feito antes, escrevi aos meus "companheiros de oração" dias mais tarde. Era uma lista de dez a doze pessoas, inclusive minha mãe, que tinham um forte desejo de orar por mim e Carol. As máquinas de Xerox ainda não tinham chegado ao Brasil, o que significava usar umas três ou quatro folhas de papel fino e papel carbono para produzir cartas com minha máquina de escrever, para que pessoas orassem por Dalby.

O que eu também podia fazer era conseguir reforço. Recrutei outro estudante, Walter, que tinha aceito Cristo um ano e meio antes. Num fim de tarde, uma semana depois, com Walter a tiracolo, fui visitar Dalby. Numa carta para a família, descrevo o evento assim:

Dirigimos até uma rua estreita de paralelepípedos e estacionamos o carro. Alguns metros depois, chegamos a uma pensão. Uma garota atende a porta e nos levou por um corredor até outra porta. Dalby abre a porta e, com um sorriso acolhedor, nos convida a entrar em seu quarto. Ele nos apresenta a seus colegas, seu sorriso em contraste com os demais olhares frios.

Já vi esse olhar frio antes. Sei exatamente o que significa. Por trás dos olhos curiosos, a mente pergunta *Quem é este gringo? O que quer? O que está fazendo aqui?*

Eu apresento Walter a Dalby e começamos a conversar. O assunto principal é futebol e a vitória do Brasil sobre a Venezuela nas eliminatórias da copa do mundo, algo que a maioria dos americanos desconhecia totalmente. Os olhares frios se aquecem alguns graus.

Dalby menciona que ele e seus colegas estão se mudando para um novo quarto. Ofereço os meus serviços de mudança e a nossa mini camionete. Recusam a minha oferta, mas eu insisto e alguns olhares servem para confirmar que eu não estou oferecendo só por educação. Então eles aceitam, e combinamos de eu passar lá à 1h00 da tarde do dia seguinte.

Dalby saiu até a rua conosco para se despedir. Walter aproveitou a deixa e o convidou para um estudo bíblico que estávamos planejando. Dalby aceitou, nos despedimos e partimos.

Quando apareci à 1h00 hoje a tarde para ajudar

com a mudança, o colega de Dalby quase desmaiou de surpresa. Momentos depois, quando ele e eu lutávamos pelo corredor estreito com uma velha escrivaninha, ele pergunta, "Você é americano, mesmo?" "Sim, sou." Mas, agora, o olhar frio tinha sumido, e dado lugar a um sorriso simpático.

Meses se passaram, e Dalby continuava interessado, mas impassível, durante nosso tempo juntos no evangelho de João. Sua experiência com a igreja o tinha familiarizado com a Bíblia. Parecia que aquela familiaridade o tinha inoculado com algum tipo de imunidade, que o impedia de ser infectado pelo evangelho.

Cada vez que tínhamos nossas discussões durante o estudo e ele ia embora, eu achava que poderia ser a última vez que o veria. Ele não tinha nenhuma obrigação de continuar.

Certa vez, me vi olhando para o relógio, esperando que Dalby aparecesse. Era tarde, e eu andava pela sala e orava. Uma carta descreve aquela noite no fim de outubro:

> ... passos no corredor, a porta se abre de repente, e ele entra.
>
> 'Ôi! Desculpe que me atrasei um pouco. Faz tempo que você está me esperando?'
>
> 'Não, fico feliz em vê-lo. Fiz um pouco de café enquanto esperava. Quer um pouco?'
>
> 'Obrigado. É bem o que eu estava precisando.'
> Ele toma um gole de café, e diz, 'Bom, eu já decidi.'

Segurei minha xícara no ar, imaginando, O que ele decidiu? Largar a faculdade? Sair do exército? Ir para a Amazônia?

'Decidiu o quê?'

Convidar Cristo para entrar em minha vida. Decidi sozinho, como você disse que eu poderia, em meu quarto, na noite de sábado passado.'

Respirei profundamente aliviado e o conduzi à mesa, onde ele se sentou para começarmos a conversar sobre o próximo capítulo de João e o próximo capítulo de sua vida.

Nossos planos de nos mudarmos para Porto Alegre estavam em curso, então apresentei Dalby a um pequeno grupo de estudantes que tinham se convertido recentemente e estavam começando a estudar o livro de Romanos. Era exatamente o que ele precisava: um ambiente receptivo, onde pudesse continuar a crescer.

Em dezembro, Dalby conquistou um marco importante em sua vida, ao concluir o programa de treinamento de oficiais da reserva. Sua família viajou da cidade natal no oeste do estado a Curitiba, para o evento. Era a oportunidade de conhecermos seus pais, irmãos e irmã. O pai de Dalby, um senhor quieto, de fala mansa, parecia ansioso para conhecer a família americana com quem seu filho vinha passando tanto tempo. Demonstrou enfaticamente sua gratidão pelo nosso interesse em seu filho e pelo ânimo que tínhamos levado a ele.

Durante aquela visita, a irmã de Dalby, Neide, ficou em nossa casa por alguns dias. E desenvolvemos um relacionamento de longo prazo, que tocou muitas vidas. Mas essa é outra história!

Cerca de um mês e meio depois, chegou uma carta de um estudante de uma universidade de Kalamazoo, Michigan, que tinha se envolvido no trabalho universitário dos Navegadores. Tinha ouvido falar de Dalby e escreveu o seguinte: "Houve um momento em que realmente senti vontade de orar por Dalby. Acho que passei uma semana orando todo dia por ele. Uma ou duas semanas depois, vocês me disseram que ele tinha tomado a decisão.

Mais uma vez, fui lembrado de que aquilo que estávamos presenciando — jovens "em correntes," como Dalby, aceitando a fé em Jesus — era a promessa cumprida e a resposta às orações de pessoas do outro lado do mundo. Como aquele estudante da Western Michigan University.

12

Invadindo Porto Alegre

O plano que tínhamos mapeado para Porto Alegre necessitava que Jim e sua família se mudassem em janeiro de 1970 e, junto com Jack e Barbara Combs, começassem um novo trabalho com os estudantes. No plano A, meu papel era continuar em Curitiba e orientar a equipe de liderança que estava surgindo, na pessoa de Osvaldo Simões.

Aquele plano fazia sentido. Jim tinha sido o líder natural desde o começo. Concordamos que seria difícil para a equipe sair da sombra de Jim e assumir a direção. Mas, como seríamos lembrados logo depois, mesmos os melhores planos estão sujeitos a mudança. O primeiro desvio do Plano surgiu quando os Petersen descobriram que Marge estava grávida . . . de gêmeas! O nascimento estava previsto para janeiro de 1970.

Então Jim Downing veio para a cidade. Uma vez por ano, era costumeiro recebermos a visita de Lorne Sanny, presidente dos Navegadores na época, ou George Sanchez, diretor de operações internacionais. Essas visitas forneciam oportunidades importantes de analizar o que fazíamos junto com esses homens mais velhos e experientes. Naquele ano, Sanny tinha optado por enviar Downing em seu lugar.

Downing era uma figura memorável dos Navegadores naqueles dias. E, enquanto escrevo isso, ainda é, em seus noventa e quatro anos de idade. No início de sua carreira de vinte e quatro anos na Marinha dos EUA, Downing era um dos Navegadores de antes da Segunda Guerra. O navio em que serviu, o *USS West Virginia,* estava em Pearl Harbor em 7 de dezembro de 1941. Downing ficou na Marinha até se aposentar, em 1956. Assumiu discretamente um papel de liderança altamente respeitado na sede dos Navegadores, em Colorado Springs. [Downing faleceu com 104 anos de idade, em fevereiro de 2018.]

Nos anos que antecederam sua mudança para o Brasil, Jim Petersen tinha se aproximado bastante de Downing. Jim observava que a porta do escritório de Downing estava sempre aberta e que ele não se importava com interrupções. Naquelas conversas informais, Jim aprendeu a admirar a sabedoria e opinião de Downing.

Meu contato com Downing era mais superficial. Eu o via como um oficial naval de carreira, de postura formal e militarista. Então, quando apareceu em Curitiba em setembro de 1969, eu não sabia muito bem o que esperar. Será que ele iria impor o estilo pesado da estrutura de comando da marinha à nossa operação latina tão fora dos padrões? Será se ele esperava encontrar Navegadores do tipo Segunda Guerra Mundial com quem estava acostumado a trabalhar a bordo de navios de guerra e porta-aviões?

Tive uma grande surpresa. Na verdade, Downing vinha discretamente intervindo a nosso favor dentro dos Navegadores, e se tornou uma fonte fundamental de apoio. Nos dias que se seguiram à sua chegada, Downing ouviu atentamente aos nossos planos para os próximos anos. E, depois, fez observações perspicazes, e apresentou seu plano B para Porto Alegre.

Seu plano me designava para abrir o trabalho em Porto Alegre, para que Jim continuasse em Curitiba ajudando a liderança local a assumir as responsabilidades e aprender a trabalhar em conjunto.

A visita de Downing em setembro foi muito encorajadora para mim, pessoalmente. Nossa conversa no fim de sua visita ilustra isso. Durante uma caminhada pelo bairro num fim de tarde, ele me surpreendeu ao dizer, "Me pergunto se você, às vezes, acha difícil trabalhar com Petersen."

Ele parecia ler pensamentos, e prosseguiu, esperando minha resposta. "Às vezes, eu achava difícil trabalhar com Dawson Trotman [o fundador dos Navegadores]. Muitas vezes, me vi jogando um balde de água fria em suas idéias e planos. Acho que você tem uma relação parecida com Jim. E ele precisa de você para o equilíbrio. Então, não desanime. Você tem um papel importante em sua relação com Jim."

Assim que passamos ao plano B de Downing, Carol e eu começamos a planejar a mudança. Como pais, nossa primeira preocupação era a escola para os meninos. Em Curitiba, tinham estudado no Colégio Martinus, nome em homenagem a Martinho Lutero, o que deixa clara a afiliação religiosa da escola. O diretor do Colégio Martinus sugeriu que verificássemos o Colégio Farroupilha, em Porto Alegre, também de orientação Luterana. Quando fizemos nossa primeira viagem a Porto Alegre, visitamos a escola, tivemos uma ótima impressão e imediatamente matriculamos os meninos, para as aulas que começariam no fim de fevereiro de 1970.

A busca por uma casa não era fácil. Jack Combs tinha pesquisado cuidadosamente o mercado imobiliário, e nos levou para ver vários lugares. Poucos dia depois, voltamos a Curitiba, de mãos vazias e desanimados. Porto Alegre era muito maior que Curitiba, e alugar o tipo de casa de que precisávamos para a família e para o trabalho não seria fácil nem barato.

O tempo estava passando quando, finalmente, em 19 de janeiro, achamos uma casa maravilhosa. Escrevi em uma carta a amigos.

> Tem cerca de um ano, muito espaço para a família, um quintal grande (com muitas flores para Carol cuidar), um telefone, que é como se descobríssemos petróleo no quintal . . . e um fator adicional surpreendente: fica do outro lado da rua da escola em que matriculamos os meninos em novembro passado! Agora, desde que viram a casa e conheceram algumas crianças da vizinhança, estão mais animados do que nunca para se mudar.

Dia 9 de fevereiro era o dia da mudança. Também era o aniversário de oito anos de nosso filho Daniel. Os meninos têm uma lembrança especial de estar na cozinha vazia comendo bolo de aniversário com os funcionários da mudança. Foi a última coisa que Carol cozinhou antes que seu forno, ainda quente, fosse colocado no caminhão de mudança.

Dois dias depois, descarregamos tudo e nos mudamos para a nova casa, abrindo um novo capítulo em nossas vidas. Os meninos pareciam ansiosos pelo início das aulas, e por sentar à mesa para o café da manhã, e ouvir o sinal no pátio da escola do outro lado da rua. O bairro era um lugar agradável, com muitas famílias jovens como a nossa. Os vizinhos imediatos tinham cinco filhos, e o mais velho tinha onze anos. Se a turminha não estava brincando lá em casa, estavam brincando nos vizinhos. Havia um cinema no bairro, com sessões especiais nos sábados à tarde, a que os meninos adoravam ir com seus amigos. Para Kent, Daniel e Brian, a mudança para Porto Alegre foi um sucesso desde o primeiro dia.

Depois do caminhão de mudança ir embora, começamos a tarefa de abrir as caixas e nos instalar em nosso novo lar. Estávamos correndo contra o tempo; as aulas na universidade começariam em apenas dezoito dias. Também começamos a nos prepara para a invasão da turma de Curitiba, planejada para o fim de semana de 20 a 22 de março daquele ano.

Repetindo o padrão de Curitiba, Jack e eu nos encontrávamos de noite, para caminhar pelas ruas e orar. A Rua da Alfândega era o "Calçadão da Rua XV," que se estendia por várias quadras pelo coração do centro da cidade. Nas tardes quentes de verão, ficava lotada de gente que ia ao cinema ou ao teatro, saía de restaurantes, parava em frente a lanchonetes, ou simplesmente se reunia em círculos de conversa. Era um ótimo lugar para orar.

O que Jack e eu também fazíamos naqueles primeiros dias era acompanhar dois estudantes, Fernando Korndorfer e Roberto Blauth, que tinham se convertido na adolescência pelo trabalho de um missionário e pastor Luterano, Jack Aamot. (Jim conta essa história em *Living Proof,* publicado pela NavPress em 1988). Fernando e Roberto estavam ansiosos para se envolver no que estávamos fazendo, e foram fundamentais desde o início.

Finalmente, chegou o grande dia da invasão, de que falamos pela primeira vez ao redor da fogueira em julho de 1969. Ao meio dia da sexta-feira de 20 de março, onze pessoas de olhos inchados saíram cambaleantes do ônibus, depois de uma viagem de treze horas de Curitiba. Coloquei cinco deles em meu carro e fomos a um restaurante perto da universidade. O resto do grupo seguiu no carro de Jack e num taxi. Roberto estava esperando para dar as boas vindas no restaurante. Depois do almoço, passearam pelo campus e entraram num ônibus municipal para ir à nossa casa.

Depois do jantar, passamos a noite conversando, jogando baralho e ouvindo música. Para nossos três filhos, era como uma volta à terra natal, ao ver amigos de Curitiba que não viam há semanas. Na nossa casa e na dos Combs, achamos um lugar para todos dormirem — alguns em camas, outros em colchões improvisados no chão. Reunimos as equipes na manhã seguinte, em grupos de duas e três pessoas, e voltamos ao campus para contatar os estudantes através de um questionário simples.

Foi uma das poucas vezes em que usei este tipo de recurso, porque simplesmente não produzia resultados precisos. O que ocorria quase sempre é que o estudante entrevistado dava as "resposta corretas" às perguntas, como, "Na sua opinião, quem foi Jesus Cristo?" A resposta, em geral, era quase literalmente o que tinham aprendido no catecismo. Depois de várias respostas desse tipo, dizíamos, "Está certo. Estas respostas são boas. Mas por que você não me diz o que realmente acha?"

Alguns olhavam com surpresa, outros com ar de ironia, e então respondiam, "Ele foi um grande professor" ou "Ele foi um líder revolucionário como Che Guevara."

O questionário funcionava como um quebra gelo para começar a conversa. Os estudantes de Curitiba explicavam que tinham formado pequenos grupos para se encontrar, ler e discutir a vida e os ensinamentos de Jesus, e que estavam na cidade no fim de semana para ajudar com grupos parecidos em Porto Alegre. A conversa incluía um convite para um churrasco no estilo brasileiro no dia seguinte, e a discussão dos resultados dos questionários.

No domingo de manhã, Jack, eu e outros do grupo de Curitiba fizemos algumas viagens levando o pessoal até nossa casa. A sala estava lotada de gente, que ouvia Osvaldo descrevendo o que acontecia em Curitiba. Ele encerrou, dizendo que Ken e Jack estavam fazendo o mesmo em Porto Alegre. Antes de a sessão terminar, marcamos uma data para o próximo encontro. Terminamos aquele fim de semana com um contato feito com doze estudantes interessados em continuar a nos encontrar.

Jack e eu escrevemos uma circular aos amigos nos Estados Unidos aquele mês. Começava assim, "A pergunta não é 'Onde estão eles?' Em uma cidade de mais de um milhão de habitantes, estamos constantemente rodeados de gente. A pergunta é, 'O que dois de nós podem fazer com um milhão?'" A invasão daquele fim de semana era parte da resposta. Precisávamos de uma ajudazinha dos amigos.

Começamos com os estudantes que lotaram nossa sala de estar naquela manhã e, no fim do ano, tínhamos vários pequenos grupos que liam a Bíblia conosco. Antes dos estudantes saíram da cidade em dezembro, tivemos um evento especial para apresentar meus pais, Walter e Lucile Lottis, que tinham chegado para passar o Natal conosco. Minhas melhores lembranças daquela visita foram os momentos em que sentei com meu pai e minha mãe, e traduzi a história que uma estudante contava sobre sua jornada pessoal de fé. Minha mãe ficou especialmente impressionada com aquela estudante, Vera Radünz.

Conhecemos Vera através de seu irmão, Egon, que participava do primeiro grupo de estudantes em Curitiba. Ela logo se integrou à turma em Porto Alegre naquele ano, quando terminava seu curso de enfermagem. Quando começou a conversar conosco sobre a possibilidade de continuar seus estudos por mais um ano, nós a convidamos para morar em nossa casa. Nossos três filhos hão de concordar que foi uma das melhores decisões que já tomamos.

Vera era uma combinação adorável de Mary Poppins com *Noviça Rebelde*. Os meninos tinham onze, nove e oito anos de idade naquela época. Para eles, virou rotina de domingo preparar uma bandeja de café da manhã no estilo americano, bater na porta do quarto de Vera e pular na cama dela, para "ajudá-la" a tomar o café. E ela os entretinha tocando violão, e ensinando-os a cantar músicas do cancioneiro brasileiro.

Vera se tornou uma pessoa muito especial na vida de nossa família, uma vez que compartilhamos a cidadania do reino de Deus. Acreditamos que a profunda amizade que temos até hoje não foi mera consequência daquela invasão de Porto Alegre, mas uma prova do que diz Mateus 19:29: "E todos os que tiverem deixado casas, irmãos, irmãs, pai, mãe, filhos ou campos por minha causa, receberão cem vezes mais e herdarão a vida eterna."

Invadindo Porto Alegre 115

Ken Lottis e Jack Combs bebem cafezinho e estudam um mapa de Porto Alegre.

13

Cruzando a Ponte de Florianópolis

A Ilha de Santa Catarina fica incrustada numa curva do litoral sul do Brasil. Florianópolis, a capital do estado de Santa Catarina, fica localizada na ilha, assim como a Universidade Federal de Santa Catarina.

Um pequeno canal separa a ilha do continente e, em seu ponto mais estreito, estende-se uma bela e antiga ponte pênsil. É como uma miniatura da Golden Gate de San Francisco. Uma nova ponte, de concreto e quatro pistas, foi construída e a velha ponte foi fechada para o tráfego de veículos, mas permanece como atração turística.

Carol e eu, e nossos três filhos, cruzamos a ponte pênsil no começo de uma manhã de verão, em janeiro de 1968. Íamos passar um dia com Aldo e Aracy Berndt, e seu filho Rogério, de quatro anos de idade. Tínhamos passado férias juntos na praia de Camboriú, onde Aldo e eu passamos muitas horas nos conhecendo melhor. Naquela manhã, estávamos atendendo a um convite deles para passarmos um dia com eles em Florianópolis.

Exatamente um ano antes, Aldo tinha sentado

naquela mesma praia para ouvir Jim descrever o que estávamos fazendo em Curitiba. A conversa desencadeou uma série de eventos na vida de Aldo, que ainda estavam acontecendo. Estacionamos nosso fusquinha em frente à casa de Aldo e Aracy, sem saber que aquela visita seria parte daquela cadeia de eventos.

Poucos minutos depois, seguimos Aldo por uma estrada tortuosa de paralelepípedos até uma lagoa azul cintilante, que era o centro de pesca de frutos do mar da ilha. Um dos lados da lagoa fazia fronteira com enormes dunas de areia branca e fina. Nós quatro sentamos na praia, enquanto olhávamos nossos quatro filhos correr entre o mar e as dunas. Subiam a parede da duna, afundando na areia macia, e desciam rolando até cair na água, parecendo bifes à milanesa.

Depois de algumas horas, os meninos estavam exaustos e todos com muita fome. Voltamos de carro até o extremo da lagoa, passando por uma frágil ponte de madeira, até um restaurante de frutos do mar. Era um lugar simples — nem pense em ar condicionado; ao invés disso, imagine vários ventiladores ligados para manter o ar quente e úmido em movimento.

Descalços e ainda nos trajes de banho, nos sentamos (a regra "sem sapato, sem camisa, sem atendimento" não se aplica aqui) ao redor de uma mesa de madeira coberta com uma toalha de plástico. Nenhum garfo ou faca, apenas travessas de camarão. Era porção livre, e comemos bastante.

Depois da aventura com o camarão, voltamos à casa de Aldo e Aracy, tomamos banho e, enquanto os meninos brincavam, continuamos a conversar. Estava claro que, em um período de um ano, a atividade de Aldo como pastor Luterano tinha tomado uma direção bem diferente. Enquanto ainda cumpria suas

Cruzando a Ponte de Florianópolis 119

obrigações tradicionais, agora iniciava um discipulado com alguns membros da paróquia, através de encontros individuais. Também passava tempo no campus, e sua atuação estava crescendo entre os estudantes. Boa parte de nossas conversas tratava das tensões que surgiram ao tentar equilibrar todas essas novas atividades.

Ao fim da tarde, dirigimos de novo até a ponte, e voltamos a Camboriú para os últimos dias de férias. Deixamos atrás o que se tornaria uma bomba relógio que acabaria por explodir — dois anos mais tarde.

No início de 1970, quando nos estabelecíamos em Porto Alegre e fazíamos os primeiros contatos com estudantes, Aldo estava pronto para cruzar um tipo de ponte diferente.

De certa forma, ele tinha se tornado vítima de seu próprio sucesso. Seu ministério pessoal nas vidas dos membros da paróquia tinha crescido além de sua capacidade de dar conta. O trabalho em meio aos estudantes também tinha crescido rapidamente. Algo precisaria mudar. Ele propôs uma reunião com a diretoria de sua igreja para apresentar seu dilema. Em uma carta, Jim relata o que Aldo lhes disse:

> Expliquei o que minhas atividades pastorais exigiam de mim. Então lhes mostrei o que eu tinha descoberto ser minha vocação divina. Ou seja, fazer discípulos que guiassem o ministério. Citei Efésios 4:11-12. E lhes mostrei que eu não conseguiria conduzir o ministério com discípulos e as responsabilidades tradicionais do pastorado ao mesmo tempo. Por esta razão, fui forçado a tomar uma decisão, ou seja, de que eu não conseguiria continuar a trabalhar para eles como pastor e me dedicar a trabalhar com homens — enquanto eles, no seu direito, esperavam algo mais de mim (o cumprimento das funções

tradicionais).

Nesta carta, Jim acrescenta, "Este é um tipo de conclusão dificílima — e sem dúvida não válida para muitas situações, mas eu poderia dizer que Aldo está certo neste caso."

A bomba relógio não estava mais ligada. Nem tinha explodido. Na verdade, estava sendo desarmada assim que Aldo começou a fazer uma retirada estratégica de seu papel de pastor da igreja Luterana.

Meses depois, recebi um telefonema de Aldo. Ele estava pegando um ônibus para viajar à noite de Florianópolis a Porto Alegre e queria que eu o recebesse na rodoviária na manhã seguinte. Depois de um café da manhã em nossa casa, deixei-o na sede da igreja Luterana, onde ele iniciou conversas que acabariam por encerrar sua carreira de pastor.

De volta a Florianópolis, ele e Aracy cruzaram a ponte, figurativa e literalmente, quando saíram do presbitério ao lado da igreja Luterana e se mudaram para sua casa própria no continente, para trabalhar no ministério dos Navegadores no Brasil.

14

Depois da Formatura

A formatura em uma universidade no Brasil é algo importante. O evento em si é bastante formal e longo. A cerimônia geralmente envolve extensos discursos do representante da turma, um representante da universidade, um político ou, como era frequente durante a ditadura militar, algum oficial de alta patente das forças armadas brasileiras. Eram discursos lidos em estilo próprio de oratória, ao invés da linguagem comum das conversas, tornando quase impossível para nós compreender. Mas soavam impressionantes!

Ser convidado para uma formatura era uma honra. O convite era entregue pessoalmente, jamais por correio. Era elaborado e escrito em bela caligrafia. Um dos primeiros convites que recebi e, com certeza, o mais impressionante, foi de Evaristo Terzo, que se formou em dezembro de 1967 em gestão florestal. O convite era um canudo feito de jacarandá, e nossos nomes gravados na borda. Dentro, um pergaminho enrolado, com os detalhes da cerimônia.

O mês de dezembro, como junho no hemisfério

norte, é a época das formaturas, bailes, festas e casamentos. O Natal, às vezes, fica perdido em meio a essa confusão. Em nossos primeiros anos no Brasil, fomos a muitos desses eventos. Sentíamo-nos honrados em participar de algo normalmente reservado à família e amigos mais próximos.

Mas uma situação complicada começou a surgir. Os estudantes que se formavam, e encontravam emprego na cidade em que participavam de uma turma, estavam indo bem em seu desenvolvimento espiritual. Já os que retornavam à sua cidade natal, ou iam para localidades distantes exigidas pelo emprego, tinham dificuldades. Passamos a dedicar cada vez mais tempo a essa discussão, em nossas reuniões, em busca de uma solução. Programei uma longa viagem para passar tempo com algumas dessas pessoas.

Dr. Paulo Sperka era um exemplo. Paulo era médico e, quando se formou, encontrou emprego em um pequeno hospital de uma cidade rural a cinco horas de Curitiba. Cerca de três das cinco horas eram em estrada de chão – um atoleiro quando chovia, uma nuvem de poeira quando não chovia. Um dos três médicos de lá, ele fazia de tudo: partos, suturação de facadas, gripes comuns.

Mas Paulo e sua esposa Lia estavam sozinhos, e isolados espiritualmente. Em várias ocasiões, viajavam a Curitiba com os dois filhos pequenos para passar o fim de semana em nossa casa, e se alimentar da amizade calorosa dos seus amigos na turma. Quando entravam em seu carro sujo de lama para voltar para casa no domingo à tarde, eu relutava com a pergunta, *Como cuidaremos, não apenas de Paulo e Lia, mas de centenas de casais como este no futuro?*

Dentro de nossa organização, era uma circunstância

sem precedentes. Os ministérios com estudantes dos Navegadores nos Estados Unidos e em muitos outros países nunca tinham lidado com um problema assim. Havia o pressuposto de que, ao saírem da universidade e entrarem no "mundo real," os estudantes encontrariam naturalmente seu caminho em alguma igreja local, em que teriam um contexto de interação frequente com os amigos. Isso simplesmente não acontecia no Brasil. Anos se passaram até que este pressuposto fosse revisto e descartado nos Estados Unidos e em outros países. Menos por razões teológicas, e mais por questões culturais e sociais.

Foi Aldo quem trouxe compreensão bíblica à nossa discussão sobre este assunto. Sistematicamente, ele trazia à tona a história do Novo Testamento escrita nos livros de Atos e Gálatas, e o que aconteceu quando o evangelho ultrapassou as muralhas culturais do judaísmo e penetrou nações não judaicas.

A primeira rachadura nessa muralha aparece em Atos 10, quando Pedro teve uma visão perturbadora que abalou sua tradicional declaração doutrinária judaica. Enquanto ainda tentava entender o que tinha ocorrido, foi convocado a visitar Cornélio, um centurião romano alojado em Cesareia. Confuso, Pedro parou para refletir até o dia seguinte. Então, reuniu um grupo de seis homens para ir com ele. Meu palpite é que, enquanto viajavam, passaram tempo conversando e tentando entender o que acontecia.

Ao chegarem à casa de Cornélio, Pedro não teve muito tato para explicar a tradição que proibia judeus de se associarem a gentios. Então, aparentemente ainda inseguro, disse, "Por isso, quando fui procurado, vim sem qualquer objeção. Posso perguntar por que vocês me mandaram buscar?" (Atos 10:29).

Ele hesitava em sua apresentação, provavelmente vendo que seu público tinha pouco ou nenhum conhecimento da história judaica. Antes mesmo de terminar o sermão, os amigos e familiares de Cornélio começaram a responder e foram tomados pelo Espírito Santo.

Chocado, Pedro se voltou ao seu grupo e perguntou: "Pode alguém negar a água, impedindo que estes sejam batizados? Eles receberam o Espírito Santo como nós!" (Atos 10:47).

Aquele grupo provavelmente salvou a reputação de Pedro por que, ao retornarem a Jerusalém, enfrentaram um grande problema. A acusação: "Você entrou na casa de homens incircuncisos e comeu com eles" (Atos 11:3).

Felizmente, a história de Pedro, confirmada por aquelas testemunhas oculares, foi convincente: "Ouvindo isso, não apresentaram mais objeções e louvaram a Deus, dizendo: 'Então, Deus concedeu arrependimento para a vida até mesmo aos gentios!'" (Atos 11:18).

Em minha imaginação, penso naqueles homens saindo daquela reunião, coçando a cabeça, murmurando com suas barbas, e tentando entender o que havia acabado de acontecer.

A próxima rachadura aparece em Atos 11:

> Os que tinham sido dispersos por causa da perseguição desencadeada com a morte de Estêvão chegaram até a Fenícia, Chipre e Antioquia, anunciando a mensagem apenas aos judeus. Alguns deles, todavia, cipriotas e cireneus, foram a Antioquia e começaram a falar também aos gregos, contando-lhes as boas novas a respeito do Senhor

Jesus... e muitos creram e se converteram ao Senhor (versículos 19 a 21).

Aquela rachadura também foi registrada nos sismógrafos teológicos em Jerusalém. Gregos? Acreditando em nosso Jesus judaico? Como era possível?

Para ver como iam as coisas, enviaram o fiel e sábio Barnabé. Quando chegou, viu que Deus estava em ação, e os animou, e então fez o que talvez tenha mudado o curso do que hoje chamamos de história da igreja. Foi a Tarso e chamou Paulo, para seguir com ele para Antioquia. Atos 11:26 conta que passaram um ano ensinando um grande número de pessoas. É interessante observar que os discípulos em Antioquia foram os primeiros a ser chamados seguidores de Cristo (o Messias), uma designação aparentemente redundante para os discípulos judeus.

Mas, à medida que a mensagem de Jesus se espalhava entre não judeus, problemas fermentavam em Jerusalém. Atos 15 conta a história: "Então se levantaram alguns do partido religioso dos fariseus que haviam crido e disseram: 'É necessário circuncidá-los e exigir deles que obedeçam à lei de Moisés'" (versículo 5).

Essa questão gerou uma reunião histórica em Jerusalém. Em jogo, estava a pureza do evangelho, ao cruzar barreiras culturais. Pedro se tornou uma voz importante na discussão, por causa de sua experiência com Cornélio. Paulo e Barnabé narraram várias histórias do poder de Deus testemunhado pelos gentios. E Tiago resumiu tudo em uma declaração impressionante: "Portanto, julgo que não devemos por dificuldades aos gentios que estão se convertendo a

Deus" (Atos 15:19).

Os dois grandes obstáculos que certamente deviam "por dificuldade" aos gentios—a circuncisão e a Lei de Moisés—agora estavam fora do caminho. Mais tarde, Paulo escreveria: "Pois vocês são salvos pela graça, por meio da fé, e isto não vem de vocês, é dom de Deus; não por obras, para que ninguém se glorie" (Efésios 2:8-9). Nossa discussão desse assunto com Aldo nos levou a Gálatas 2:8-9:

> Pois Deus, que operou por meio de Pedro como apóstolo aos incircuncisos, também operou por meu intermédio para com os gentios. Tiago, Pedro e João, tidos como colunas, estenderam a mão direita a mim e a Barnabé em sinal de comunhão. Eles concordaram em que devíamos nos dirigir aos gentios, e eles, aos circuncisos.

Ficou muito claro para nós que tínhamos recebido um ministério entre os "gentios," uma geração de pessoas que tinham abandonado a rigidez e os ritos da educação Católica e estavam desconfortáveis, e mesmo confusas, com as tradições e práticas do protestantismo evangélico em sua expressão brasileira daquela época. O evangelho poderia continuar a avançar entre essas pessoas, se permanecesse livre do que chamávamos de "parasitas culturais."

Embora isso esclarecesse uma questão, levantava muitas outras. Se aqueles que passavam a crer em Jesus através de seu ministério não se afiliariam às igrejas existentes, que implicações haveria para o futuro? Como iríamos garantir o seu bem estar em longo prazo? Esta pergunta se tornou um tópico central de discussão, estudo e oração no início dos anos 1970.

Encontro ao ar livre em um restaurante no Passeio Público em Curitiba, para comemorar o fim do ano letivo. (Da esquerda para a direita, fileira da frente: Osvaldo, Evaristo, Curt, Hans, Ken, Dinho, Paulo, Walter M., Egon, Onofre; no fundo: Walter J., Vanderlei, Renny, Sato e Nelson).

15

Sucessão e Sucessores

Jim e eu tínhamos algumas divergências. Nada importante. Mas havia algumas coisas sobre as quais não pensávamos de modo igual. Por exemplo, aquelas mesas em nosso escritório no centro de Curitiba.

Jim tinha uma mesa tipo executivo novinha em folha, que tinha comprado em uma loja de artigos para escritório. Tinha um belo acabamento em mogno, gavetas bem alinhadas e uma placa de vidro impecável sobre o tampo.

Comprei minha mesa numa loja de móveis usados a poucas quadras do nosso escritório. Era uma imensa escrivaninha antiga, com tampa curva retrátil, coberta por camadas de pó e sujeira. E tão pesada que, quando a carregaram na carroça, chegou a levantar o cavalo do chão, a ponto de ele não conseguir sair do lugar!

Passei dias esfregando a peça com água e sabão, para depois polir com lustra móveis. Tinha uma infinidade de gavetas, vãos e escaninhos e todo tipo de riscos, marcas e arranhões pelos anos de uso.

Assim que me instalei com meus livros e papéis,

a mesa estava sempre abarrotada. Se um estudante chegasse, eu puxava a tampa para disfarçar a bagunça.

Quando Jim viu a impressionante mesa pela primeira vez, achou que eu estava louco. Depois de longa discussão, ele generosamente permitiu que eu ficasse com ela, mas sempre soltando comentários pejorativos sobre o "monstro" depois de um susto que levou, certa noite.

Eu tinha baixado a tampa quando saí durante o dia, mas esqueci de fechar a trava. Mais tarde, quando Jim entrou noite adentro trabalhando, a trava se soltou, a tampa deslizou para fora de seu curso e caiu no chão, a poucos centímetros de onde ele estava sentado.

Aquilo abalou nosso relacionamento por alguns dias. Mas havia algo sobre o qual Jim e eu tínhamos a mesma convicção: nossa forte crença de que precisávamos empossar sucessores. Desde as primeiras fases do trabalho em Curitiba, estávamos continuamente repassando a liderança aos brasileiros.

Quando Jim e Marge partiram para uma visita de seis meses aos Estados Unidos, muito do que ele vinha fazendo foi repassado a pessoas como Osvaldo e Mario. Fizemos o mesmo. Sem dúvida, houve momentos em que os rapazes não estavam preparados para assumir a tarefa. Mas sentíamos que a mensagem que estava sendo transmitida era mais importante. E a mensagem era que aquele negócio era deles, não nosso.

Quando Carol e eu nos mudamos para Porto Alegre e, poucos meses depois, Jim e Marge se mudaram para Florianópolis, o trabalho em Curitiba ficou nas mãos da equipe liderada por Osvaldo Simões, formada por Mario, Lenir, Fernando e Walter.

Nesse processo, foi fundamental manter as coisas simples. Observávamos outros grupos norteamericanos vindo para o Brasil com imensas quantias em dinheiro para estruturar suas operações. Ofereciam empregos, salários e uma identidade a pessoas. Com isso, a mensagem, que transmitiam era: "Este é nosso negócio; somos os donos. Talvez um dia você consiga assumi-lo e levá-lo adiante."

Nossa estrutura, além das nossas casas, consistia naquelas duas escrivaninhas. Isso simplificou muito o processo quando Jim se mudou para Florianópolis, para preparar o Aldo para a liderança do trabalho no Brasil. Não havia propriedade para gerenciar, nem folha de pagamento para cumprir. Desenvolver amizades profundas e relacionamentos sólidos era a prioridade máxima.

Jim e Aldo passaram bastante tempo na estrada no ano e meio que se seguiu, acompanhando estudantes que haviam aceito a Cristo, tinham se formado e agora se espalhavam pela área dos três estados no sul do Brasil. Registraram mais de cem mil quilômetros no carro de Jim e, frequentemente, passavam metade do mês longe de seus lares.

O que descobriram reforçou a necessidade de se dedicar mais tempo e criatividade para ajudar aquelas pessoas. Um colega, com seis meses de profissão, tinha acumulado uma dívida que excedia o que ele ganharia em cinco anos. Outro enfrentava críticas pelo modo como gerenciava sua empresa familiar; o problema era sua tentativa de ser honesto. Encontraram casais lutando com seus relacionamentos devido ao stress de longas horas de trabalho, gravidez, e gestão de finanças. Havia um rapaz que foi trabalhar como professor numa cidadezinha, a sete horas de distância de carro de Curitiba. Logo se tornou o melhor partido da cidade, e se apaixonou por uma beldade local. Mas ela via o seu envolvimento com a turma como fanatismo religioso. Diante da escolha entre os amigos de faculdade agora distantes e a bela mulher, optou por ela.

Muitos dos estudantes que eles visitaram tinham estado em pequenos grupos de estudo bíblico, mas nunca iniciaram ou lideraram um grupo por iniciativa própria. Precisavam ajudar a simplificar o processo de entrar nas Escrituras com novos amigos. Assim, durante uma reunião em fevereiro de 1972, foi tomada a decisão para que Carol e eu saíssemos do trabalho com os estudantes em Porto Alegre em junho. Passaríamos alguns meses nos Estados Unidos e, na volta, iniciaríamos um trabalho entre os formados.

Neste caso, eu não tinha exatamente transferido meu cargo. Para ser mais preciso, o ministério com os estudantes tinha criado um novo cargo, que acabaria determinando o sucesso ou o fracasso em longo prazo deste trabalho no Brasil.

Bagunça cuidadosamente organizada na preciosa escrivaninha de tampa retrátil do Ken.

16

Novos Cargos, Novas Cidades

"Quando lê a Bíblia com estudantes no Brasil, você usa a versão King James?"

Olhei incrédulo para o homem que fez a pergunta. Era um pastor de meia idade, que tinha assumido recentemente uma pequena igreja independente na cidade onde Carol tinha crescido. A igreja, que a mãe de Carol ainda frequentava, tinha nos incluído em suas doações missionárias por cerca de oito anos. Agora aquele homem, um fundamentalista de linha dura, parecia querer mudar tudo aquilo.

"A versão King James," respondi, dizendo o que me parecia óbvio, "é em inglês. A Bíblia que usamos está em português, que é o idioma do Brasil."

Ele insistiu. "A versão que vocês usam é uma tradução da King James em português?"

Lutei para manter a calma e percebi que estava em uma batalha que não poderia vencer. Uma hora e meia depois, saí dali para uma noite de verão em Minnesota, ciente de que perderíamos o apoio financeiro da igreja da cidade natal de Carol.

Era junho de 1972, e estávamos iniciando uma visita de oito meses aos Estados Unidos. Passar tempo com os doadores e igrejas patrocinadoras era uma necessidade, mas também um desafio. Enquanto a maior parte das pessoas se interessava pelas nossas histórias, outras — como aquele pastor — pareciam ter o foco em coisas que não lhes pareciam familiares ou atendiam às suas expectativas tradicionais.

A primeira parada em nosso itinerário foi Minnesota, para visitar a mãe de Carol, sua família e nossos amigos da época da Northwestern College. Mas parecíamos ter começado mal, com aquela entrevista um tanto hostil, que me deixou desanimado.

A recepção em Seattle, alguns dias depois, foi o extremo oposto. Meu irmão Harold tinha me apresentado ao pastor de sua igreja, o Reverendo Bud Palmberg, em janeiro de 1969. Foi uma dessas experiências maravilhosas, em que duas pessoas se conhecem e a conexão é imediata.

Agora, três anos mais tarde, Bud me apresentava calorosamente à sua congregação da sua igreja, a Mercer Island Covenant Church. Naquela manhã de domingo, contei histórias sobre o que acontecia no Brasil, e a reação foi de entusiasmo.

Depois da igreja, a conversa prosseguiu durante o almoço num restaurante próximo. À medida que Bud me ouvia descrever em detalhes o que acontecia com os estudantes que se formavam, seu interesse aumentava. Sua atitude foi de apoio, e não de crítica. Quando lhe contei que passaria três meses estudando no outono para me preparar e assumir minha nova função, ele disse, "Venha ao meu escritório amanhã. Tenho um livro para você."

No dia seguinte, saí de seu escritório carregando

um exemplar volumoso do livro *By One Spirit*, de Karl Olsson. É uma história cuidadosamente escrita do que se conhece como Igreja Evangélica da Aliança. Parecia terrivelmente chato, mas prometi a Bud que o leria, sem especificar quando. Como uma carga de dinamite de pavio bem longo, o conteúdo do livro explodiria dentro da minha cabeça alguns meses depois.

Passamos o resto do verão visitando família e amigos em Oregon e Washington. Meus pais estavam morando em Thetis Island, na Colúmbia Britânica, que virou a nossa base doméstica durante aquelas semanas. Meu pai tinha preparado mil atividades e aventuras para Kent, Dan e Brian, inclusive uma viagem pelas Ilhas do Golfo Canadense em seu barco de passeio. Foi um verão espetacular, de memórias preciosas, um presente único, especialmente considerando que foi o último verão de meu pai neste mundo.

Na segunda semana de agosto, tentávamos resolver de que modo nossa família, nossa bagagem e um equipamento de camping recém-adquirido caberia no adorável Mercury Cougar 1967 de duas portas que meu irmão Loren e sua esposa Marge tinham nos dado. Amarramos o estepe na tampa do porta-malas e enviamos as malas maiores por um ônibus da Greyhound, e deu tudo certo!

Quando chegamos a Colorado Springs, o pessoal na sede dos Navegadores nos ajudou a encontrar e alugar um apartamento de três quartos e mobília, e a matricular os meninos numa escola a três quadras de distância. Após meses de viagem, foi bom estar num lugar nosso, mesmo que tivéssemos que pedir, emprestar ou alugar os móveis que faltavam.

Poucas pessoas compreendem o desgaste emocional que ocorre na vida de uma família de missionários durante essas experiências de viagem. Nossos filhos estavam longe dos amigos, sempre diante de pessoas novas, experimentando comida estranha, dormindo em camas diferentes, e tendo que ouvir perguntas bobas como, "Você pode dizer alguma coisa em português?" Numa ocasião, durante a escola dominical, um menino mais velho provocou o Daniel. Usando o treinamento em judô que recebeu de seu instrutor brasileiro, ele agarrou o menino, virou-o de cabeça para baixo e o jogou no chão. Não era exatamente o tipo de comportamento que se esperava de um missionário.

O apartamento alugado em Colorado Springs se tornou um refúgio seguro para os meninos, Carol e eu. A integração à escola trouxe algumas surpresas. Algumas semanas depois do início do ano escolar, escrevi a um amigo:

> Os meninos estão indo bem na escola. Na verdade, muito melhor do que imaginávamos. Brian é o melhor de sua turma em leitura, o que é a maior surpresa. Sua professora nos chamou algumas semanas atrás para ajudá-lo a entender o conceito de vogais e consoantes. Ela disse que ele parecia não saber nada sobre as letras. Quando chegamos em casa, perguntamos a ele, 'Quais são as vogais?' Ao ouvir a palavra em português, ele imediatamente respondeu em português.
>
> 'E como são em inglês?'
>
> 'Eu já disse.' Então sorriu e disse, 'Não, eu falei em português, né?'
>
> Então, o problema todo era que ele não entendia a palavra *vowel* (vogal em inglês)!

Assim que entramos na rotina de nosso pequeno apartamento, passei a buscar um local onde eu pudesse estudar. Eu esperava achar um cantinho na sede dos Navegadores, mas não apareceu nada.

Então, durante um almoço com um amigo de anos, Monte "Chuck" Unger, descobri que ele estava trabalhando como escritor e fotógrafo autônomo em um conjunto de escritórios no centro de Colorado Springs — e tinha um espaço que eu poderia usar. Poucos dias depois, eu estava instalado, usando uma velha porta como mesa, uma das máquinas de escrever de Chuck e uma cadeira comprada num leilão de móveis.

Terei sempre uma dívida de gratidão com Chuck por sua hospitalidade, amizade e as muitas horas de conversas estimulantes que tivemos. Os dias que passei em seu escritório não foram apenas restauradores do ponto de vista pessoal, mas me trouxeram a tranquilidade para estudar, orar e pensar sobre o que viria depois.

O enfoque principal daquele tempo era imaginar como poderíamos orientar e apoiar, a longo prazo, aqueles que estavam se formando em nosso trabalho com estudantes. As mesmas perguntas e problemas continuavam surgindo nas vidas dessas pessoas.

No topo da lista de preocupações de nossos amigos brasileiros estavam o namoro e o casamento. A seguir, vinha a educação de filhos. A gestão de finanças pessoais era um pesadelo na economia inflacionária brasileira. Moralidade no ambiente de trabalho era um campo minado, pois suborno e propina eram um estilo de vida. E de que modo essa história de reino de Deus de que falávamos faria sentido na vida cotidiana?

Quando reunidas, essas questões eram mais que teoria; eram tudo ou nada, pegar ou largar. Ou resolvíamos isso, ou teríamos que achar outro tipo de trabalho. Nenhum de nós queria continuar a se entregar a um trabalho com estudantes se, em dois a cinco anos depois da formatura, eles passassem a viver como se o reino de Deus não existisse.

Assim que desencaixotei meus livros e papeis sobre a porta que tinha virado mesa, o grande livro que Bud Palmerg tinha me emprestado ficou olhando para mim, esperando para ser lido. Com a ajuda da cafeteira de Unger, sentei e comecei a lê-lo, certa manhã. Ao contrário da minha impressão inicial, não era chato. História, quando bem escrita, nunca deve ser chata.

Nos dias seguintes, praticamente não fiz outra coisa senão devorar o livro de Olsson, que começa no início dos anos 1800, em uma Suécia pobre e espiritualmente faminta. O que logo chamou minha atenção foi que Deus estava em ação, usando recursos mínimos, para levantar seu povo na Suécia. Isso tudo ocorreu dentro da carcaça vazia de uma igreja estatal falida, que tinha perdido a credibilidade para mudar a vida das pessoas. A geração que veio deste movimento na Suécia não contava com uma vasta organização de orientação e apoio. Na verdade, tinham aprendido desde o início a se apoiar nas Escrituras, oração e incentivo mútuo a partir de encontros simples em suas casas.

Ao continuar a ler a história de Olsson, eu era constantemente lembrado de que se tratava de um caso na história da igreja em que Deus tinha saído das fronteiras tradicionais e estabelecido padrões para levantar uma nova geração de pessoas. Então, deixei de lado o livro de Olsson e peguei minha Bíblia.

Minha imaginação estava cheia de imagens, das

descrições de Isaías 49:8-12.

> Assim diz o Senhor:
> 'No tempo favorável eu lhe responderei,
> E no dia da salvação eu o ajudarei;
> Eu o guardarei e farei com que você seja
> Uma aliança para o povo,
> Para restaurar a terra,
> E distribuir suas propriedades abandonadas,
> Para dizer aos cativos: 'Saiam,'
> E para aqueles que estão nas trevas, 'Apareçam!'
> 'Eles se apascentarão junto aos caminhos,
> E acharão pastagem em toda colina estéril.
> Não terão fome nem sede,
> Nem o calor do deserto e o sol os atingirão.
> Aquele que tem compaixão os guiará
> E os conduzirá para as fontes de água.
> Transformarei todos os meus montes em estradas,
> E os meus caminhos serão erguidos.
> Veja, eles virão de bem longe –
> Alguns do norte, outros do oeste,
> Alguns de Assuã.

Já estávamos testemunhando as primeiras linhas desta passagem. Pessoas cativas, em correntes, saindo de sua escuridão espiritual para a liberdade. Agora, passávamos ao futuro, em que seriam alimentados e nutridos "junto aos caminhos" e com "pastagem em toda colina estéril." Um Deus de compaixão os levaria a "fontes de água" e transformaria todos os "montes em estradas."

Em conexão com a história de Olsson, esta passagem me dava a garantia de que Deus estava em ação, de que cuidaria de nós ao continuarmos a usar as chaves do reino que tínhamos recebido. Tal qual meu amigo tinha sussurrado no aeroporto, "de um jeito ou de outro, ele vai construir sua igreja."

* * *

Após semanas de planejamento e preparação, em 5 de dezembro Aldo, sua esposa Aracy e seu filho Rogério, de oito ano, desceram de um avião em Colorado Springs. Aldo tinha vindo participar de um encontro de liderança e ser apresentado como o sucessor de Jim no Brasil. Sua presença inaugurou um novo capítulo em minha vida, pois comecei a construir um relacionamento com este homem talentoso, que agora era o líder do ministério dos Navegadores no Brasil.

Dois dias depois de sua chegada, deixando Rogério com Carol, Kent, Dan e Brian, Aldo, Aracy e eu voamos para Califórnia. Passamos os nove dias seguintes visitando ministérios universitários dos Navegadores, tendo Dan Greene como nosso guia e motorista. Quando voltamos ao Colorado, passamos um dia no campus da Universidade de Colorado em Boulder e, em um estudo bíblico de uma manhã de domingo, falamos aos cadetes da Academia da Força Aérea dos EUA.

Depois dos feriados de Natal, Carol e eu, junto com Aldo e Aracy participamos de uma conferência para os Navegadores em Glorieta, no Novo México. Durante aqueles dias juntos, lançamos as bases do nosso relacionamento, como amigos e colaboradores no ministério dos Navegadores. Na preparação para a viagem, Aldo tinha investido no aperfeiçoamento do seu inglês. Alguém sugeriu que ele fizesse leituras para aumentar o vocabulário, e lhe emprestou vários exemplares de histórias do Velho Oeste, de Louis L'Amour. Ele logo se tornou fã de L'Amour, e devorava um livro após o outro. Para mim, virou uma fonte de discreta diversão acompanhar as conversas de Aldo em inglês e observar os rostos das pessoas quando ele usava algumas expressões do vocabulário dos caubóis de L'Amour, como "that saved my bacon" ("isso salvou minha pele") numa frase.

Embarquei nessa mística de velho oeste ao me apresentar, junto com Aldo, como uma versão brasileira de *Butch Cassidy and the Sundance Kid*.

* * *

Alguns dias depois da conferência, nossas famílias embarcaram no voo de Colorado Springs para Miami, onde faríamos a conexão para o Brasil. Mas passamos por uma turbulência extrema e, quando chegamos em Miami, Aracy se sentia tão mal que não conseguiu prosseguir viagem. Aldo e eu tínhamos pouco tempo para achar uma solução.

Cancelamos suas reservas para o voo daquela noite, e ficaram em lista de espera para as próximas noites. Ambos estávamos com pouco dinheiro disponível. Fomos à recepção de um hotel dentro do aeroporto de Miami e pedimos um quarto. Felizmente, havia um vago. Expliquei nossa situação ao gerente, e ele passou meu cartão American Express. Assinei o voucher em branco, Aldo pegou a chave e acompanhou Aracy.

Aldo, Rogério e eu demos uma volta rápida pelo aeroporto, para que eu pudesse lhes mostrar onde comprar algo para comer com o dinheiro que tínhamos ali. Então, saí correndo para o portão de embarque, encontrei minha família e entramos no avião a caminho de casa.

Três noites depois, surgiu uma vaga num voo para o Brasil. Aldo retirou Aracy do hotel, aproveitou o crédito do meu cartão American Express e fizeram sua viagem de volta.

O Aeroporto Internacional de Miami é parte de um conjunto muito especial de memórias para este Butch Cassidy e seu amigo, o Sundance Kid. Foi palco de uma ótima história que "salvou sua pele." Nos anos seguintes, tornou-se uma marca de nosso relacionamento, pois passamos a trabalhar juntos.

De volta ao Brasil, Aldo e eu nos mudamos com nossas famílias para Curitiba. Agora era hora de se estabelecer na mesma cidade e trabalhar.

17

Camelos, Cavalos, e Domingões

A casa que alugamos em fevereiro de 1973 parecia uma fortaleza. Localizada numa esquina de um antigo bairro de Curitiba, casa e o jardim ficavam a quase cinco metros acima do nível da rua. Circundada por um muro de pedra coberto de hera, parecia inexpugnável. No entanto, ficava na rota de assaltantes que rondavam o bairro. Acabei perdendo a conta de tudo o que foi levado pelos "visitantes" noturnos. Uma vez, acordei de noite com o som de uma janela batendo. Abri a porta do quarto de hóspedes, liguei a luz e dei de cara com um assaltante pendurado numa escada no lado de fora da casa, tentando arrombar a janela.

Mas a casa em si era ideal para o que iríamos fazer nos próximos anos. Havia cinco quartos, dois dos quais no andar de cima, que os meninos disputavam. Em vez de dividir o espaço com um de seus irmãos, Brian optou por um amplo sótão que ele transformou em quarto. Assim, podíamos ter hóspedes no primeiro andar da casa, sem incomodar os meninos. O problema é que a casa só tinha um banheiro! O grande quintal tinha árvores frutíferas e um cercado, onde Dan criou algumas galinhas. Na parte de trás da casa havia uma área coberta para churrasco e piquenique, que passamos a usar de imediato.

A mudança de volta para Curitiba foi simplificada pela familiaridade que tínhamos com a cidade. Os meninos voltaram para a escola que frequentavam antes. Kent e Daniel iam para aula de manhã, com um ônibus que pegavam do outro lado da rua. Brian ia em uma van, que o buscava no portão de casa.

Carol ficou encantada ao descobrir que, segunda-feira de manhã, havia uma feira na rua ao lado. Tínhamos frutas e verduras frescas literalmente em nosso portão de casa. Uma quadra depois, uma pequena panificadora e um açougue nos forneciam pão, leite e carne.

Eram detalhes importantes, diante do grande aumento no volume de visitantes que teríamos nos meses seguintes. Houve época em que tivemos hóspedes por meses inteiros. Em mais de uma ocasião, tivemos que correr para comprar mais pães e frios para visitas de última hora.

Assim que nossa rotina começou a se estabelecer, passei a circular entre estudantes universitários envolvidos no trabalho, que agora era liderado por Mario e Sueli Nitsche. Meu interesse especial estava nos estudantes em seus últimos anos de faculdade, que se formariam em dezembro de 1973 e 1974. Comecei a participar do estudo bíblico semanal que acontecia no apartamento de Mario e Sueli; foi uma oportunidade de conhecer melhor um número impressionante de estudantes, todos novos na fé.

Ao mesmo tempo, também comecei a acompanhar estudantes antigos, que tinham achado emprego e permanecido em Curitiba. Vários estavam namorando ou noivos, e alguns eram recém casados. Carol e eu passamos a fazer um estudo bíblico com este pessoal. Após anos fazendo estudos com estudantes solteiros, era uma experiência nova ter casais aconchegados num clima romântico, em nosso sofá. Quase sempre pareciam mais interessados em ficar de mãos dadas do que ficar com a Bíblia nas mãos, e acabavam prestando mais atenção um no outro do que na discussão.

Também passei a viajar e fazer contato com os que tinham se formado e voltado às suas cidades natais, ou se mudado para lugares distantes onde acharam emprego.

Nelson e Gita tinham se estabelecido em sua cidade natal de Joinville, depois de uma pós-graduação na Alemanha. Uma vez por semana, eu fazia uma difícil viagem de duas horas, para ajudá-los a iniciar um grupo de estudo bíblico em seu apartamento. Terminávamos entre dez e dez e meia, eu tomava um último gole de café preto e dirigia de volta para casa. A rodovia contornava as montanhas litorâneas e, à noite, a combinação de chuva, neblina e longas filas de caminhões tornava a viagem muito tensa.

A outra prioridade durante aqueles primeiros meses era o relacionamento com Aldo. Ele ainda estava morando em Florianópolis, e continuaria lá até junho, quando Jim e sua família se mudaram para Colorado Springs.

Em sua primeira visita a Curitiba, veio matricular seu filho Rogério na escola, e visitar alguns apartamentos. Passamos o dia juntos e parei na entrada de nossa garagem, no meio de uma conversa profunda. Àquela altura, eu já tinha entendido que as conversas com Aldo seriam intensas, e sempre muito estimulantes.

Ele tinha a habilidade de deixar de fora o que era supérfluo e ir direto ao essencial. É exatamente o que fez quando estávamos sentados no meu carro, e a tarde começou a cair.

Apontando o dedo em minha direção, perguntou, "Quero saber por que fui escolhido para assumir a função do Jim, e não você. Você percebe que é quem deveria assumir, em vez de ser eu? Alguém o consultou sobre isso?"

Tive que admitir que não tinha sido consultado. E acrescentei, "Se eu tivesse sido consultado, minha resposta teria sido que acho que meu trabalho deveria ficar para trás quando Jim partir e devo fazer tudo o que eu puder para contribuir com o sucesso do Aldo. Em vez de ser conhecido como o cara que assumiu quando Petersen saiu, eu preferiria ser conhecido como o cara que ajudou a fazer do trabalho brasileiro o que ele é."

Então apelei para a familiaridade do Aldo com o Velho Oeste e o lembrei da expressão americana ride shotgun. "Eu serei o seu guarda armado. Você dirige a diligência; eu uso a espingarda e faço o melhor que puder para proteger você e afastar os bandidos."

Nós dois rimos, e aquela metáfora definiu uma de minhas funções no meu relacionamento com o Aldo nos anos seguintes. Neste caso, os bandidos não eram de verdade. Em sua maioria, eram pessoas bem intencionadas em nossa sede em Colorado Springs, que entravam em contato com Aldo sobre questões administrativas irrelevantes. Como o memorando que recebeu, pedindo sua opinião sobre uma proposta de mudança da logomarca dos Navegadores. Com olhar incrédulo, passou-o para mim e disse, "Cuide disso!"

Naquelas primeiras semanas, Carol e eu passamos a conversar sobre o que estávamos sentindo a respeito das pessoas que tínhamos conhecido como estudantes e que agora tinham se tornado profissionais. E todos com algumas necessidades fundamentais em comum. Uma delas era a gestão do tempo. Como estudantes, tinham bastante tempo livre, o que facilitava os encontros para estudo bíblico, cinema com amigos, ou um jogo de futebol no fim de semana.

Agora, na vida profissional, o tempo era precioso. Chegar na hora para um estudo bíblico durante a semana quase sempre entrava em conflito com as demandas do trabalho, ou o trânsito a caminho de casa. Ficar conversando até depois da meia noite com os amigos tornava difícil ir para o trabalho na manhã seguinte. Os fins de semana eram momentos especiais para compras, tarefas pendentes e atividades sociais.

Em cidades grandes, como Rio de Janeiro e São Paulo, podiam-se levar várias horas dirigindo pela cidade até se chegar ao estudo bíblico, ou um jantar na casa de amigos. Tudo isso somava stress a vidas já ocupadas, especialmente de casais recém casados.

Em resposta ao que víamos, Carol e eu pusemos em prática a nossa ideia de fazer um encontro mensal durante um domingo inteiro, que chamamos de "domingão." O conceito central veio da figura do pregador itinerante na história do Velho Oeste americano. Esses líderes ambulantes estabeleciam um percurso entre os colonos e fazendeiros que se espalhavam pela região. Quando o pregador chegava num dos locais pré-determinados, todos se reuniam; famílias inteiras vinham de longe em suas charretes e carroças. Era um tempo de adoração e aprendizado, seguido de piquenique, jogos, e conversa. Antes de partir, fixava-se uma data para o próximo encontro, geralmente, semanas mais tarde.

Carol criou a frase de que o pessoal precisava aprender a "beber como camelos, e não como cavalos."

Essas ideias estavam na base do plano que se consolidou no primeiro domingão. Começamos às nove da manhã, com café, pãezinhos frescos, e frios variados. Às dez horas, nos reunimos para um estudo bíblico em torno de uma questão específica. Depois de mais ou menos uma hora, pequenos grupos se formaram para discutir de que modo o que estávamos estudando nas Escrituras estava relacionado à nossa vida cotidiana.

Ao meio dia, paramos para o almoço. Carol dominava a arte culinária, e preparou uma refeição deliciosa para muita gente, mesmo com orçamento limitado. Depois do almoço, um tempo livre, em que alguns ficaram jogando xadrez, baralho, assistindo a uma corrida de Fórmula 1 na TV, ou simplesmente conversando. Ao redor das três da tarde, servimos um cafezinho e nos reunimos para compartilhar histórias pessoais. Terminamos a tarde com um momento de oração.

O primeiro domingão foi recebido com entusiasmo, e marcamos uma data quatro semanas mais tarde, para o próximo encontro. A notícia passou de boca em boca, e apareceu mais gente do que esperávamos. Estávamos desenvolvendo um modelo simples de trabalho, para atender às necessidades de formandos e formados.

Também observamos que surgiam questões individuais oriundas do passado da pessoa. Criar um ambiente seguro para lidar com isso precisava ser parte do que estávamos fazendo. Ao fim de um domingão, à medida que os estudantes iam se despedindo, alguém procurava a mim ou à Carol, dizendo, "Eu preciso conversar com você sobre algo" ou "Meu namorado e eu gostaríamos de conversar com você e seu marido uma hora."

Nas noites em que recebíamos jovens casais em nossa casa, às vezes servíamos o jantar mais cedo aos meninos, para que fossem dormir. Carol arrumava a mesa com uma toalha de linho e guardanapos, sua melhor louça, e velas. A refeição era simples, quase sempre uma saborosa sopa caseira, acompanhada de fatias de pão integral, queijo e uma taça de vinho. Tudo isso ajudava a criar uma atmosfera acolhedora, íntima e segura.

Ficou claro para nós que, para a maioria desses jovens casais, era a primeira oportunidade que tinham na vida de aliviar o peso da carga que traziam. Suas questões eram sobre namoro, noivado, sexo pré-marital, conflitos com os pais, e problemas financeiros. Também falavam de culpa, conflitos de consciência, abuso físico ou sexual, comportamento inadequado e, em alguns casos, a mera curiosidade sobre como, sendo seguidores de Cristo, nos relacionávamos como marido e mulher.

Nunca esquecerei de uma conversa com um casal recém casado. Antes de entrar numa imensa lista de perguntas sobre casamento e educação de filhos, observaram, "Você e Carol são o único casal que conhecemos que estão casados há alguns anos, têm filhos em idade escolar e são seguidores de Cristo. São os únicos com quem podemos conversar sobre essas coisas."

Essas palavras escoaram dentro de mim por semanas, enquanto eu refletia sobre a situação insólita que vivíamos. Aqui estávamos, em uma cidade de quase meio milhão de habitantes, em uma das maiores nações do mundo, e éramos o único casal que conheciam.

Estávamos cercados por uma nova geração de discípulos que tinham se comprometido seriamente em seguir a Cristo, obedecer a sua Palavra, e compartilhar o que aprendiam com outros. Na medida que tomavam consciência de tudo aquilo que esse compromisso exigia, nós eramos a sua principal referência. Não tinham a opção de ligar um rádio e ouvir um psicólogo com uma visão de mundo cristã, falando sobre casamento e família. A maioria dos livros nas livrarias cristãs da época oferecia pouca ajuda. Tinham sido escritos por autores que pouco ou nada sabiam sobre a cultura brasileira. Ao serem traduzidos para o português, traziam o jargão evangélico, e eram escritos para leitores norteamericanos.

Nesta época, Carol e eu conversávamos muito sobre a oportunidade extraordinária que Deus nos apresentava. Ao mesmo tempo em que era um desafio, era quase assustador, quando pensávamos nas implicações do que estávamos fazendo. Estávamos inaugurando uma trilha num território não mapeado, que as próximas gerações seguiriam. Orar por sabedoria e orientação era a prioridade máxima.

Em meio a toda esta atividade, eu vivia um momento pessoal muito doloroso. Meu pai tinha sido diagnosticado com um tumor cerebral, e estava em estado terminal. Num dia de junho, Mario Nitsche apareceu inesperadamente em nossa casa, para me dizer que tinha recebido um telefonema de minha família. Fui com ele até seu apartamento, e retornei a ligação a meu irmão Loren. Meu pai havia falecido num pequeno hospital em Chemainus, na Colúmbia Britânica. Ele tinha setenta e três anos de idade.

Camelos, Cavalos, e Domingões 151

Mario Nitsche faz uma apresentação, em um encontro de fim de semana.

18

Sobrevivendo em São Paulo

Quando Osvaldo Simões passou no vestibular e entrou na Universidade Federal do Paraná para estudar engenharia química, ele era a essência do que Jesus descreve em Mateus 13:37 como "boa semente."

Na época em que se formou, em dezembro de 1972, deixou um grupo vibrante de novos amigos andando pelos corredores da universidade. Era mais um exemplo de como as boas novas do reino fluem através de relacionamentos naturais na cultura brasileira.

Então não foi surpresa, naqueles primeiros Domingões, a presença de muitos engenheiros químicos. Um deles, Evilásio Gioppo, chamou minha atenção. Não tinha apenas influenciado muitos de seus amigos na faculdade de engenharia, como também sua família inteira. Sua irmã, Maria Lúcia, e o namorado, Alcides Ferré, estavam envolvidos no grupo de estudo bíblico e participavam dos domingões.

Na medida em que fui conhecendo Evilásio, o assunto São Paulo sempre vinha à tona. Para engenheiros químicos, São Paulo era o principal mercado de trabalho no país. Ao mesmo tempo, o mero tamanho da cidade já intimidava. Para estudantes como Evilásio, que tinham crescido em cidade pequena, o tráfego, o barulho, a poluição e o ritmo de vida de São Paulo pareciam ameaçadores, quando não aterrorizantes.

Eu tinha pouca familiaridade com São Paulo. Em minha primeira tentativa de dirigir pela cidade, me perdi completamente. Não tinha a menor ideia de onde estava. Encostei o carro numa calçada, pedi orientação a um motorista de táxi, mas sua resposta foi tão longa e prolixa que acabei lhe perguntando se poderia ir à minha frente, para que eu o seguisse. Foram alguns minutos de angústia na tentativa de acompanhá-lo. Mas ele sabia que não seria pago se me perdesse de vista. Até que parou, apontou para um semáforo e disse, "Pegue à direita no semáforo, e estará na rodovia para Curitiba." Paguei-lhe com prazer e lhe agradeci mil vezes.

Numa das últimas vezes em que dirigi em São Paulo, fiquei preso no tráfego intenso do começo da noite, numa avenida de três faixas que, subitamente, virava uma rua de duas faixas. Fiquei espremido entre dois caminhões, colados nos paralamas da frente e de trás. Então, foi com muita preocupação que Evilásio e eu montamos um plano para as férias de julho de 1973.

As indústrias no Brasil costumavam aceitar estudantes universitários para estágios curtos. Os estágios podiam ser remunerados ou não, mas se tornavam experiência importante quando se buscava um emprego em período integral.

Nosso plano era levar três ou quatro dos amigos de Evilásio em minha Variant da Volkwagen, e passar uma semana em São Paulo à procura de estágios.

A peça-chave de nosso plano em São Paulo era Renny Schmidt. Renny e Osvaldo tinham trabalhado juntos numa pequena indústria química em Curitiba, no fim dos anos 1960. Quando Osvaldo começou a ler a Bíblia com Jim, compartilhou com Renny o que estava aprendendo. Curioso, Renny se juntou ao grupo e, em um ano, Osvaldo e Renny eram co-cidadãos do reino de Deus.

De todas as pessoas que conheci em meus anos no Brasil, Renny Schmidt foi uma das mais extraordinárias. Nasceu numa humilde família do interior, veio para Curitiba, achou emprego, estudou e era recém casado com Arlene quando o conheci em 1965.

Enquanto trabalhava no laboratório com Osvaldo, frequentava aulas à noite para obter a certificação técnica de químico. Dotado de uma inteligência brilhante, logo atraiu a atenção da diretoria com sua competência na fabricação de resinas industriais. Em inúmeras ocasiões, a empresa o colocava em um avião para São Paulo, para resolver algum problema em sua fábrica paulista de resina.

Quando terminou o curso noturno, assinou com uma empresa italiana um rentável contrato com participação de lucros e se mudou para São Paulo. Ao saber da ideia que Evilásio e eu estávamos pondo em prática, logo concordou em nos hospedar em sua casa e nos ajudar a explorar a cidade.

Numa noite gelada de julho, semanas depois, Evilásio, eu e três estudantes estávamos na churrasqueira de Renny, comendo uma linguicinha grelhada e conversando sobre a vida em São Paulo. Na manhã seguinte, enfrentamos o tráfego pesado do começo do dia em direção à fábrica de Renny.

Ao caminharmos pelos imensos reatores com a

altura de um prédio de três andares, e um labirinto de tubos, Renny explicou a complexidade de seu trabalho. Exigia um equilíbrio delicado de reação química, temperatura extrema e alta pressão por um longo período de tempo. "Vocês sabem o que acontece se algo der errado dentro daquele reator?"

Um dos estudantes falou. "Sim. Durante uma experiência no laboratório da universidade, o professor superaqueceu a mistura, que ficou sólida. Como vidro. Ele teve que jogar todo o experimento no lixo."

"Exatamente," disse Renny, estalando os dedos. "Esta é a diferença entre um laboratório na faculdade e este lugar. Se esta mistura se solidificar, temos que parar a produção, isolar o reator, e colocar uma equipe lá dentro com britadeiras para fazer a limpeza. A empresa perde muito dinheiro, e eu, provavelmente, o meu emprego."

Quando ele terminou de falar, olhei de relance para Evilásio e seus amigos. Estavam de olhos arregalados. Este era o mundo real de uma indústria química.

Nos próximos dias, seguindo as sugestões e instruções de Renny, dirigi mais de quinhentos quilômetros dentro da cidade de São Paulo em visita aos gigantescos complexos industriais de empresas como Mercedes-Benz, Volkswagen, Anderson-Clayton e outras multinacionais. Em todos os locais, eu parava no portão de entrada, fazia uma breve oração, deixava os estudantes, achava um lugar para estacionar e os aguardava, enquanto pediam informações sobre vagas de estágio para janeiro e julho de 1974.

Em alguns casos, não passaram do portão de entrada. Em outros, passavam mais de uma hora, e voltavam animados pelo modo como tinham sido recebidos e o que tinham aprendido.

Cheguei em casa ao fim daquela semana, exausto com as longas horas atrás do volante, mas muito satisfeito com o que tínhamos conquistado. E fui surpreendido com a repercussão do que eu tinha feito entre os estudantes. Sempre entendi que o reino de Deus penetra todas as áreas da vida. Mas quando passei uma semana como motorista de quatro estudantes em São Paulo, a mensagem foi transmitida de um modo novo e contundente.

No domingão de agosto, um casal de noivos me trouxe uma pergunta: "Sentimos necessidade de conversar com alguém sobre o casamento que se aproxima. Mas não tínhamos certeza de que você teria tempo para esse tipo de coisa, até você fazer aquela viagem para São Paulo. Poderíamos nos encontrar com você e Carol alguma hora, só para conversar?"

Outra consequência daquela viagem é que Evilásio começou a compartilhar comigo suas idéias de se mudar para São Paulo depois da formatura, em dezembro de 1974. Ele queria formar um grupo para procurar emprego e acomodação, mas dentro de uma área específica da cidade. Isso permitiria que ficassem em contato durante a semana, e tivessem reuniões sociais e de estudo bíblico e oração.

A iniciativa de Evilásio começou a ganhar força quando recebi uma carta de um professor de física da Universidade Estadual de Utah, o Dr. Vern Peterson. Ele estava buscando uma vaga no Instituto de Astronomia e Geofísica da Universidade de São Paulo. Casado e com três filhos, queria saber de que modo, caso assumisse a vaga em São Paulo, poderia se conectar ao que estávamos fazendo lá.

De fato, vínhamos procurando alguém como Vern, um profissional na ativa, em vez de alguém sustentado por doadores, e que pudesse estabelecer com a família uma base de trabalho em São Paulo.

Escrevi em resposta:

> Se você gosta de ar puro, trânsito organizado e o estilo de vida calmo de bairros mais afastados, São Paulo é um desastre. No entanto, se você se animar com a ideia de estar em uma das cidades com maior barulho e crescimento no mundo, respirar o ar poluído de algumas das maiores indústrias do mundo, e dirigir pelo trânsito congestionado mais colossal do mundo, então você vai adorar São Paulo.

Sem se intimidar com esta descrição e com um forte senso de liderança de Deus, Vern e sua esposa Bobbe prosseguiram com seus planos. Ele aceitou a vaga na Universidade de São Paulo, e chegaram no fim de junho de 1974.

Passamos os primeiros dias juntos em um hotel em São Paulo. Foi a oportunidade para nos conhecermos melhor, e conhecerem Renny e sua família. Começaram a procurar moradia e, com alguma ajuda da universidade, logo estavam estabelecidos em um local da mesma parte da cidade em que Evilásio e seus amigos procurariam emprego.

Vern e Bobbe tinham morado no Peru por três anos, enquanto ele trabalhava como físico em pesquisa atmosférica. A princípio, eram um pouco limitados pela conversão que faziam do seu espanhol para o português. Mas era um casal maduro, com experiência intercultural e espírito hospitaleiro, e ambos deram uma contribuição importantíssima nos anos seguintes.

O ano escolar acabou em dezembro, com as celebrações da formatura. No início de janeiro, Evilásio e outros três engenheiros químicos recém-formados — Aloir, Julio e Cesario — viajaram a São Paulo, para procurar emprego e se estabelecer como uma turma, uma comunidade de seguidores de Cristo.

Juntaram suas economias, alugaram uma casinha e começaram as atividades. De boca em boca, as notícias circulavam pelas turmas do Rio, Florianópolis, Porto Alegre e Ribeirão Preto. E, de modo espontâneo, o pessoal começou a orar pelos "pioneiros de São Paulo." Alguns grupos coletavam dinheiro e o enviavam para pagar aluguel e comida.

Aloir foi o primeiro a conseguir um emprego, depois que o Renny consegui criar uma vaga adicional de engenheiro na fábrica. O primeiro salário de Aloir foi cerimoniosamente depositado na conta comum e cobriu o custo de uma festa de celebração. Mas ele tinha uma prioridade maior para o próximo salário. Ele e sua noiva, Teresinha, tinham marcado a data do casamento para julho. Seu foco passou a ser, então, achar e mobiliar um apartamento.

Daquele grupo, um por um foi achando emprego. Evilásio foi o último, depois de quase um ano de busca, entrevistas e espera.

Ao longo daquele ano, eu fazia viagens a São Paulo a cada três ou quatro semanas. Eu ia de ônibus leito, equipado com confortáveis assentos reclináveis, e saía de Curitiba às onze horas de sexta-feira, e chegava a São Paulo às cinco e meia ou seis horas da manhã seguinte. Pegava um daqueles táxis fuscas que havia em todo lugar, e aparecia na casa dos rapazes para o café da manhã.

Na maioria das vezes, isso significava bater na porta para acordar alguém e, então, descer pela rua para comprar pão e leite, enquanto faziam o café. Algumas vezes, eu ia à casa de Vern e Bobbe. Secretamente, eu preferia, sabendo que Bobbe estava de pé, esperando-me com um café.

Aqueles fins de semana incluíam uma reunião do tipo domingão na casa de Vern e Bobbe, ou na casa de Renny e Arlene. Em carta escrita em junho daquele ano, descrevo o seguinte:

> A cidade de São Paulo tem quase oito milhões de habitantes. É quase o dobro da população da Noruega. Em algum momento do passado, tínhamos decidido que o primeiro passo para iniciar um trabalho dos Navegadores numa cidade como essa seria ter uma equipe que montasse uma cabeça de ponte, como um exército que invade uma praia. Essas pessoas e seus filhos eram essa equipe... na própria praia!

Esta equipe foi criativa no modo de responder ao desafio de viver numa imensa metrópole. Aprenderam a usar os gigantescos restaurantes que ficavam nos subúrbios distantes e áreas rurais no entorno de São Paulo. Esses estabelecimentos do tipo "retiro" eram voltados à família e costumavam oferecer uma área de recreação infantil, com parquinho, piscina, um pequeno zoológico e parque de diversões. E, é claro, uma área de refeição para a família. Com capacidade para centenas de clientes, esses locais podiam bem acomodar um grupo de vinte a trinta pessoas no sábado ou domingo.

O grupo de São Paulo combinava durante a semana de ir a um lugar escolhido, na manhã de sábado ou domingo. Reservavam mesas para o grupo todo, e deixavam as crianças livres para correr e brincar. Esses ambientes eram um momento de alívio da poluição e da pressão da cidade.

Enquanto as crianças brincavam, os adultos tomavam um cafezinho, experimentavam aperitivos, faziam uma refeição agradável e tinham longas conversas. Este era um modelo cultural já existente em São Paulo, que o grupo adaptou às suas necessidades para manter contato, orar juntos e permitir o convívio de seus filhos.

O pessoal de São Paulo também aperfeiçoou a arte dos passeios de fim de semana. A uma distância de uma hora e meia de viagem de carro, havia inúmeros hotéis do tipo *spa* em estilo europeu. Também havia vários centros para retiro, dirigidos por diferentes ordens católicas, como os Beneditinos.

A cada três ou quatro meses, o grupo de São Paulo saía da cidade após o trabalho na sexta-feira e se reunia em um desses lugares. Carol e eu fomos convidados para alguns desses encontros. Passávamos algumas horas da manhã de sábado explorando as Escrituras num determinado assunto, como o relacionamento marido-mulher. A tarde era livre para descansar, recreação, e brincadeiras com as crianças. Depois do jantar, podia surgir um novo debate, ou uma festa, com jogos e dança. As manhãs de domingo eram mais um momento de encontro ao redor das Escrituras e um tempo de oração.

Este tipo de atividade era uma variação do domingão, que tinha surgido em Curitiba. Permitia que as pessoas na turma crescessem na fé e que laços fortes de amizade se desenvolvessem entre as famílias. Mas, igualmente importante, era o fato de que permitia que outros fins de semana continuassem livres para estar com vizinhos e colegas de trabalho. Algo de importância vital para o desenvolvimento das redes de relacionamento, pelas quais o evangelho poderia fluir com naturalidade. A sobrevivência espiritual em São Paulo dependia desse estilo de vida, que explorava formas e estruturas sociais próprias da cidade grande.

Renny Schmidt apresenta sua versão da figura da "mão" dos Navegadores a um grupo de estudantes.

19

Casamentos, Filhos, e Minot

Nos meses que antecederam a nossa mudança para o Brasil, Carol e eu visitamos amigos em Minot, na Dakota do Norte. Sua localização distante acabou dando margem a uma expressão que usávamos em forma de código. "Mudar-se para Minot" era uma mistura de ironia e humor, que comunicava um momento de desânimo e vontade de se mudar do Brasil. Minot (com o perdão de quem mora lá) se tornou o destino de fuga para o anonimato, onde jamais seríamos encontrados. Como se fosse um tipo de programa de proteção à testemunha para missionários em crise.

Quando eu chegava de um dia difícil, olhava para Carol e dizia, "Vamos nos mudar para Minot." Ela compreendia imediatamente, respondia com um sorriso simpático, e ouvia pacientemente sobre os desastres daquele dia. Ou eu chegava em casa e descobria que a máquina de lavar tinha quebrado de novo, havia falta de água no bairro, e nossos três filhos tinham declarado guerra uns contra os outros. Carol me recebia com uma expressão de desânimo, e dizia, "Quando é que vamos para Minot?" Em mais de uma vez, Minot foi usada ao fim de uma discussão ou situação tensa em nosso casamento. E houve muitas. Cercados por pessoas quinze a vinte anos mais jovens que nós, sentíamos falta de amigos da nossa geração. Manter um casamento saudável naquelas circunstâncias era como navegar com um radar sem sinal, às escuras.

Na tentativa de quebrar o silêncio gélido depois de cada tempestade marital, nos abraçávamos e um de nós dizia, "Vamos fazer as malas e nos mudar para Minot amanhã mesmo?"

Por outro lado, sentíamos que o resultado desse esforço em manter nosso casamento havia nos preparado de modo singular para ajudar jovens casais brasileiros. Em muitos casos, éramos o único exemplo que tinham de um casamento com bases bíblicas.

Em nossos primeiros anos de casamento, tivemos a orientação profunda do Dr. Henry Brandt, um psicólogo, autor e palestrante cristão. Ouvir os ensinamentos de Henry nos ajudou a formar os princípios básicos do que construímos. As conversas pessoais em casa, em paralelo à leitura de seus livros, esclareceram muitos aspectos que precisávamos desenvolver. E assim, no outono de 1968, em nossa visita aos Estados Unidos, passei duas semanas trabalhando com Henry, em sessões de aconselhamento, ouvindo-o falar e bombardeando-o com perguntas. Toda essa experiência serviu como recurso para o tempo que investimos naqueles jovens casais.

Era natural que no Brasil, o país católico mais populoso do mundo, a instituição do casamento em sua forma cultural fosse dominada pela igreja. Em sábado agitados, a igreja de uma paróquia local celebrava um casamento atrás do outro, do início da manhã até o começo da noite. Na maioria dos casos, o noivo e a noiva tinha escolhido a igreja com base na localização, arquitetura, disponibilidade ou custo. Raramente havia um relacionamento entre o casal e o padre que celebrava a cerimônia. O resultado era um processo de produção em massa, muito impessoal.

Em um desses casamentos, observei o padre, ao convidar a noiva e o noivo para que se aproximassem do altar. Ele iniciou com o típico "Irmãos e irmãs. Estamos aqui reunidos hoje, na presença de Deus, para testemunhar o casamento de . . ." Naquele ponto ele parou, olhou para o seu relógio, e consultou uma folha de papel. Encontrou os nomes das pessoas que estavam se casando naquele horário, e continuou, ". . . para testemunhar o casamento de Maria e Pedro." O pobre homem não tinha ideia de quem ele estava unindo pelos laços do santo matrimônio.

Em mais de uma ocasião, Carol e eu entramos em igrejas e descobrimos que a cerimônia já havia começado. Não estávamos atrasados; eles é que estavam! Inevitavelmente, no meio da tarde, o tráfego congestionado dos convidados, fotógrafos, limusines e recém-casados acabava ficando confuso, e até engraçado. Amigos nossos chegaram tarde a um casamento e acharam lugar em um banco no fundo da igreja. Foi só quando a cerimônia acabou, e os recém-casados passaram pelo corredor central, que descobriram que estavam no casamento errado. O casamento ao qual tinham sido convidados estava mais de uma hora atrasado.

Ainda que a Igreja Católica controle a instituição do casamento, para a grande maioria da população, esse controle não significa incorporar os ensinamentos da igreja. A proibição do uso de anti-concepcionais, por exemplo, passou a ser totalmente ignorada com a chegada da pílula às farmácias brasileiras. Em 1977, o governo brasileiro decidiu ignorar a pressão do Vaticano e dos bispos do Brasil, e aprovar a primeira lei do divórcio.

Então, não era surpresa que o assunto da fidelidade no casamento, conforme ensinado pela igreja, não tinha praticamente nenhuma credibilidade. A revolução sexual que varreu os Estados Unidos na década de 1960 era um mero eco do que parecia caracterizar o comportamento brasileiro há décadas. Em uma palavra, a promiscuidade era um padrão aceito. Este, então, era o cenário em que responderíamos a perguntas e orientaríamos sobre casamento nos anos seguintes.

Inicialmente, havia uma tendência à rejeição de nosso estilo de vida como modelo, com a explicação de que era norteamericano. Sabíamos que não era verdade. Mas, em vez de discutirmos este ponto, simplesmente nos voltamos à Bíblia. Aquelas pessoas tinham aceitado a fé em Cristo como resultado das conclusões tiradas a partir de suas próprias investigações da Bíblia. A autoridade das Escrituras, portanto, já estava estabelecida em suas vidas.

Em conversas durante o jantar, ou depois de um cafezinho em nossa sala de estar, começamos a responder a perguntas através de passagens das Escrituras. E assim, em pequenos grupos, reunimos os componentes essenciais do ensinamento bíblico sobre casamento.

Para facilitar a comunicação deste material, comecei experimentando um esboço simples de uma casa construída sobre a fundação identificada pela pessoa de Cristo. Sobre a fundação, coloquei a camada do perdão como chão. As paredes externas eram o amor e a comunicação, e o teto de proteção e segurança vinha do ato do matrimônio. Finalmente, a parede interna era adicionada ao desenho, significando a intimidade dos aspectos sexuais do relacionamento. Não faço ideia de quantas vezes, durante aqueles anos, Carol e eu usamos esse material, sempre acrescentando histórias e experiências para manter sua relevância.

No rastro deste tópico, vieram perguntas sobre educação de filhos. Todos pareciam especialistas no assunto, até se tornarem pais. Um pai comentou, "Nosso filhinho chegou, muito comportado, e nunca nos deu problema. Achávamos que criar filhos era fácil. Até que chegou nossa filhinha."

Uma das coisas que observamos durante os primeiros anos no Brasil era a permissividade geral em relação ao comportamento dos filhos. Especialmente dos filhos homens. Nossos meninos convidavam amigos para brincar lá em casa, e percebíamos que pareciam não prestar atenção a nada do que tínhamos a dizer. E pareciam quase surpresos quando nossos meninos respondiam às nossas orientações ou pedidos.

O padrão que parecia predominar era o de que os pais achavam que, se já tivessem falado o suficiente e repetido a frase mil vezes, seus filhos acabariam entendendo e se comportando de modo adequado.

Tornou-se comum visitar famílias e observar que os pais tinham perdido o controle completamente. Estavam aterrorizados com crianças de dois anos de idade. Vimos isso claramente um dia, quando uma criança pequena entrou na sala, puxando os livros para fora da estante, e arrastando as almofadas do sofá pelo chão. Parecia querer interromper nossa conversa de propósito e, é claro, chamar a atenção. Repetidos apelos de "pare com isso" e "não mexa nessas coisas" eram ignorados. Finalmente, aproximou-se da mesa de jantar e agarrou a toalha de renda. Os pais pediram imediatamente, "solte a toalha" e "afaste-se da mesa." Olhando para todos em desafio, e no que parecia ser uma tentativa de imitar um truque popular de mágica, puxou a toalha, derrubando um vaso de cristal cheio de flores no chão.

Os pais, atordoados, levantaram as mãos para o céu e, quase em uníssono, disseram a mesma coisa: "O que vamos fazer com este menino?" Depois de ajudar a limpar a bagunça, começamos a oferecer algumas sugestões. Mas, novamente, sentíamos resistência contra o que poderia ser nosso estilo americano de vida e de educação de filhos.

Fomos às Escrituras e, como já tínhamos feito antes, começamos a explorar os princípios bíblicos que transcendiam tempo e cultura. Como nos reuníamos com jovens casais, passamos a fazer uma lista de perguntas básicas e desafios enfrentados com os filhos. Assim, podíamos atender àquelas questões com os recursos disponíveis na Bíblia.

A certa altura deste processo, lembrei de nosso amigo Dr. Brandt, ao explicar o motivo de deixar sua prática clínica e passar mais tempo falando com pequenos grupos de pessoas. Ele percebeu que muitos dos problemas com os quais lidava em seu cotidiano profissional poderiam ser tratados, ou mesmo evitados, se aquelas pessoas tivessem recebido alguns ensinamentos básicos.

Carol e eu refletíamos sobre isso, enquanto comemorávamos nosso aniversário de casamento no balneário de Camboriú. Estávamos hospedados em um pequeno hotel, gerenciado por uma família e localizado a meia quadra da praia. Passamos a falar sobre a possibilidade de um retiro de fim de semana para casais em um hotel como aquele. Se conseguíssemos, seria como lançar um novo precedente no trabalho.

Procuramos o dono do hotel para apresentar nossa ideia e discutir taxas e preços. Nunca tinham recebido um grupo que preenchesse o hotel inteiro mas, imediatamente, se prontificaram a fazer o que fosse possível para tornar aquele fim de semana um sucesso.

O plano era começar com um encontro na sexta-feira à noite, sessões no sábado de manhã e à noite, e uma sessão final no domingo de manhã. Mas, mesmo com os maiores descontos que os donos do hotel pudessem dar, ainda seria muito caro para alguns casais novos.

Não foi fácil. Estávamos pedindo um tempo fora do trabalho na sexta-feira à tarde, e uma viagem de carro de cinco horas de estrada. Muitas vezes, falei aos casais em dúvida sobre gastar aquele valor, "Se, no almoço de domingo, você sentir que não valeu a pena, eu o reembolsarei. E não farei uma única pergunta."

A sala de reuniões do hotel na sexta-feira estava lotada. Tínhamos sessenta e oito pessoas no hotel e outras quinze em casas de praia particulares nos arredores. Não lembro sobre o que falei naquela noite, mas era óbvio que estávamos tocando feridas abertas.

Ao fim da reunião, todos estavam em lágrimas. Um dos casais ficou acordado, discutindo até tarde em voz alta, a ponto do pessoal do quarto ao lado não conseguir dormir. Ao circular pelas mesas durante o almoço de domingo, ninguém me pediu o dinheiro de volta.

Nos anos seguintes, tivemos outros eventos similares de fim de semana, com o mesmo objetivo. Estava claro que uma nova geração de famílias estava se formando. Uma daquelas famílias era a de Dalby, que você conheceu no capítulo 11, e sua nova noiva Jane, com quem se casou em dezembro de 1974.

Durante os meses em 1969, quando Dalby e eu líamos o evangelho de João, ele fazia viagens de fim de semana para sua cidade natal, com o interessante nome de Pato Branco. Nas noites de sábado, ele reunia seus amigos e discutia o mesmo capítulo de João que tínhamos visto. Uma das participantes dessas discussões era uma jovem alta, de olhos brilhantes, chamada Jane. Agora, cinco anos mais tarde, Jane era uma devota de Cristo e esposa de Dalby.

Outro observador curioso daquelas discussões de sábado à noite em Pato Branco era Valter, um jovem padre. Após uma conversa com Dalby, que se estendeu até as primeiras horas da madrugada, Valter balançou a cabeça, "Você acredita mesmo nisso, né?"

"Você, não?", respondeu Dalby, surpreso.

"Eu queria acreditar."

Alguns anos mais tarde, Valter foi transferido a uma paróquia do centro de Curitiba, onde Dalby nos apresentou, poucos meses antes de seu casamento. Por respeito à família de Jane, eles se casariam em uma igreja católica, e Valter tinha aceitado celebrar a cerimônia. Mas havia uma complicação.

Dalby tinha pedido a Carol e eu que fossemos seus padrinhos, o que era uma honra. Mas ele queria que eu fizesse a pregação na cerimônia, ao invés do Valter. Isso estava fora do protocolo padrão, e eu esperava uma recusa educada, mas formal. Para minha surpresa, Valter concordou e achou a ideia maravilhosa.

Assim, algumas semanas depois, Carol e eu entramos em uma das igrejas mais antigas de Curitiba para participar do casamento de Dalby e Jane. A igreja estava lotada com a família, amigos da turma e colegas da firma de arquitetura onde Dalby trabalhava. Provavelmente, eu estava mais nervoso do que o noivo.

Valter apresentou as premissas legais e religiosas, e me fez um sinal. Carol e eu estávamos sentados à direita de Dalby e Jane, então ficamos quase frente a frente com eles. Meus joelhos tremiam. Foi a maior audiência a que falei durante meus anos no Brasil.

Ao começar a falar, percebi o súbito silêncio na audiência. Normalmente, em um casamento brasileiro, ninguém presta muita atenção ao que o padre diz. Mas, quando paramos perto de Dalby e Jane, o lugar fez um silêncio assustador. A pergunta de alguns a Paulo em Atenas ecoava em meus ouvidos: "O que está tentando dizer esse tagarela?" (Atos 17:18).

Não lembro o que disse naquela noite, e tenho certeza de que Dalby e Jane também não. Mas, o importante é que tínhamos quebrado algo como a "barreira do som." Tinha-se estabelecido um precedente.

Aldo Berndt e eu tínhamos discutido minha participação no casamento de Dalby e Jane. Concordamos que o que se queria não era falar como líder religioso, mas como amigo e mentor espiritual – e comunicar nossa crença no sacerdócio de todos os que crêem.

Nos anos seguintes, observamos que, de fato, esse era o precedente que tinha se estabelecido.

Dan, Kent, Ken, Carol e Brian posam para a foto com os recém-casados Dalby e Jane.

Parte 3

1977-1987

20

Forma e Função

Costuma-se contar uma história sobre o Exército Britânico nos dias que antecederam a Segunda Guerra Mundial. Um especialista civil foi contratado para observar um batalhão de artilharia, na tentativa de melhorar velocidade e eficiência. Ele observava um grupo de sete soldados, que posicionavam um canhão. Seis tinham funções diferentes a executar, e o sétimo ficava só observando, sem fazer nada.

Quando questionou o motivo da falta de ação do sétimo homem, não havia respostas. Depois de alguma pesquisa sobre a história do exército, descobriu-se que seu papel era segurar os cavalos, para que não corressem quando a arma fosse disparada.

Quando os cavalos foram substituídos por um jipe, a tarefa do soldado – sua função - foi eliminada. Mas a estrutura organizacional — a forma — perdurou, porque "este é o modo como as coisas sempre foram feitas."

A história humana está cheia de episódios como esse, que ilustram o modo como a forma, a maneira de se fazer algo, sobrevive à função para a qual foi criada.

No processo, a forma quase sempre é corrompida e distorcida.

Lembra-se do incidente no Velho Testamento em Números 21, quando os israelitas estavam morrendo com uma praga de serpentes? Moisés lhes ofereceu uma "forma" de libertação. Era uma réplica de serpente, feita em bronze. Deus curava todo aquele que tivesse fé e olhasse para a serpente de bronze que Moisés levantava entre eles.

Mas a história não acaba aí. Gerações depois, aquela escultura ganhou o nome de Neustã e se tornou um ídolo, ao qual os israelitas decadentes queimavam incenso. A forma tinha sobrevivido à função, e estava corrompida. Em 2 Reis 18, um rei de vinte e cinco anos de idade chamado Ezequias "fez o que o Senhor aprova" e "despedaçou a serpente de bronze que Moisés tinha feito" (versículos 3 e 4).

Este parece ser o destino comum dos métodos. Ainda que possam ter sido inspirados em Deus em determinado momento, tendem a sobreviver à sua utilidade. Prendemo-nos a eles por muito tempo, quando já deveriam ter sido eliminados, e a expressão que melhor os define a essa altura é "vaca sagrada." Poderíamos ser Ezequias modernos, com a coragem de fazer o que é certo aos olhos do Senhor! Mas não se mexe em vacas sagradas facilmente. Quando transportadas de uma cultura para outra, não são apenas estranhas, mas impedem ou contaminam a comunicação do evangelho.

A primeira vez que observamos isso em Curitiba foi quando traduzimos um livreto de estudo bíblico muito usado nos ministérios dos Navegadores nos Estados Unidos. O livreto aplicava o método usual de estudo bíblico, de propor uma pergunta e apresentar a referência bíblica para a resposta, e algumas linhas em branco para que a resposta fosse escrita.

Nas primeiras vezes em que tentamos usar esse material com os estudantes, recebemos opiniões contundentes e negativas. "Isso parece um jogo de cartas com baralho marcado. Você faz a pergunta e nos diz onde achar a resposta correta." "Parece muito com o que tivemos na catequese, quando a igreja fazia as perguntas e nos dava apenas um conjunto de respostas."

O estudo bíblico era a função. Era essencial para atender às necessidades de jovens esclarecidos, mas sem conhecimento bíblico. O que precisávamos era um método de estudo, uma forma que fosse apropriada ao seu estilo de aprendizado.

A forma que surgiu consistia em um processo que se desenrolava a partir de uma discussão, que identificasse o assunto ou a pergunta chave. Passamos a fazer uma lista com séries de perguntas correlatas. Por exemplo, um assunto importante era dinheiro. Perguntas típicas surgiam quanto ao acúmulo de riqueza, se o dinheiro era mau, endividamento, empréstimo, doação e dízimo. Assim que identificávamos as perguntas, Jim e eu montávamos uma lista de passagens das escrituras, não apenas versículos isolados, que falavam sobre aqueles tópicos. Era uma bibliografia bíblica, que os estudantes podiam usar em suas pesquisas.

Quando nos reuníamos para discutir, tudo o que precisávamos perguntar era "O que você descobriu nessas passagens?" Alguns assuntos implicavam horas de discussão, e podiam se estender por semanas. Por fim, havia as perguntas do tipo "se, então," com base na pergunta: "Se isso for verdade, então como deveríamos viver?"

Tivemos o mesmo problema quanto tentamos usar a memorização das Escrituras através de pequenos cartões, que eram uma marca registrada dos Navegadores nos Estados Unidos. Os cartões, de 7,0 cm x 4,5 cm, nasceram quando Dawson Trotman, fundador dos Navegadores, tentava fazer com que marinheiros, a bordo dos navios da marinha americana, memorizassem e relessem versículos das Escrituras. Os pacotes de cartões tinham o tamanho do bolso do uniforme dos marinheiros. Agora aqui estávamos, trinta anos depois, tentando fazer com que estudantes brasileiros usassem cartões daquele mesmo tamanho. Não é uma vaca sagrada?

Ao ouvirmos os vários comentários dos estudantes, logo percebemos que era mais do que o tamanho dos cartões. Era a memorização, afinal. Muitos desses estudantes tinham sido submetidos a inúmeros episódios de memorização nas primeiras séries da escola. Quando somados à memorização exigida na catequese, ficava claro que não teríamos muito sucesso com esta "forma." Lembrava muito a "Ave Maria" e o "Pai Nosso" que tinham sido obrigados a repetir, não raro como formas de punição.

Aquelas primeiras experiências alertaram Jim e eu sobre a importância de sermos extremamente cautelosos ao introduzir um método ou modelo de trabalho. Por exemplo, no capítulo 9, descrevo um estudo aberto. Criamos esses eventos para acontecerem especificamente em nossas casas, que eram a forma, em um ambiente informal, ao qual os recém convertidos podiam convidar seus amigos curiosos, mas ainda céticos, para discussões abertas sobre questões espirituais, que eram a função.

Anos mais tarde, criamos o domingão, para atender

a um conjunto diferente e específico de necessidades. Como forma, sobrevive até hoje, mas passou por significativas adaptações, uma vez que as necessidades e circunstâncias mudaram. O nome mudou quando, em algumas localidades, o encontro passou do domingo para o sábado.

De modo similar, tentamos tornar prática corrente a avaliação e revisão da maneira como fazíamos tudo. Celebramos o sétimo aniversário do trabalho no Brasil durante uma semana em que passamos com o pessoal mais maduro, discutindo como e porquê fazíamos o que fazíamos. Algumas coisas foram cortadas; outras, aprovadas ou aperfeiçoadas. Alguns reclamavam da falta de familiaridade com a Bíblia como um todo. Em resposta, organizei várias horas de conteúdo numa apresentação de pesquisa da Bíblia.

De uma construção da vizinhança, emprestei uma tábua de de uns tres metros de comprimento e 30 cm de largura. Também emprestei uma pilha de tijolos e, usando giz, dei a cada um deles o nome de um dos livros da Bíblia. No início, os tijolos estavam alinhados na mesma ordem dos livros da Bíblia. Quando terminei horas depois, eles se apresentavam em ordem histórica ou cronológica.

À medida que cada livro era colocado em sua nova posição, eu fazia um pequeno resumo do seu conteúdo. Terminei com dois tijolos sobrando, que chamei com os nomes fictícios de 2 Usias e 2 Azaquiel. Eu os usei para ilustrar o modo como os livros da Bíblia—como chegaram até nós—foram escolhidos, e a razão de alguns terem sido deixados de fora.

Era uma única apresentação, uma forma criada para uma necessidade ou função específica. No dia seguinte, a tábua e os tijolos foram devolvidos ao canteiro de obras. Mas virei alvo de brincadeira quando, no espírito brasileiro, meus amigos me deram o título honorário em português do que seria algo como um doutor em "tijolologia."

Outra área em que forma e função se tornaram cruciais para nós era o modo como fazíamos nosso planejamento. No início da década de 1970, nossa equipe — composta por algumas pessoas em tempo integral, e outras que ainda mantinham suas profissões — se encontrava várias vezes por ano.

Para entender plenamente nosso processo de planejamento, é essencial saber que nossas reuniões não aconteciam em hotéis ou ao redor de mesas de conferência. Geralmente, nos reuníamos na casa de férias de alguém, numa praia. Sentávamos em bancos de madeira ao redor da mesa da cozinha. O traje normal era um calção de banho; camisetas eram opcionais. Era algo casual, com C maiúsculo.

Elísio, de Florianópolis, era o comediante da equipe. Às vezes, eu me incomodava, achando que ele não levava nada a sério. Eu estava errado. Era apenas o jeito brasileiro, diferente do jeito americano. Em uma de nossas reuniões, estávamos todos sentados ao redor da mesa, envolvidos numa discussão pesada, quando Elísio se levantou e foi ao banheiro. Parou no meio do caminho e pegou um gibi surrado do Mickey, sua leitura preferida. Deixou a porta do banheiro aberta e, momentos depois, deu lá de dentro aos berros alguma contribuição preciosa à discussão, que nos fez morrer de rir. Precisamos de uma pausa para o cafezinho, para resgatar um pouco do decoro.

Com esse pano de fundo, fica mais fácil entender a nossa dificuldade, no início dos anos 1970, quando a liderança dos Navegadores nos Estados Unidos adotou um método de gestão conhecido na época como Gestão de Resultados (GR). Esse método foi instituído em todos os países em que os Navegadores atuavam, como parte de uma estratégia global. O planejamento e a avaliação eram as funções; a GR era a forma.

Jim voltou de uma reunião com a Equipe de Liderança Internacional dos Navegadores, em Colorado Springs, com uma pasta lotada de material de GR. Em nossa reunião seguinte na praia, ele apresentou o método e o processo de planejamento. Foi duro.

Parte do problema estava na necessidade de separar as pessoas por categoria — por exemplo, convertidos, discípulos, discipuladores, preparadores de discipuladores. Cada categoria tinha critérios definidos, como o número de versículos bíblicos memorizados, o número de livretos de estudo bíblico concluídos. Essas categorias funcionavam bem em ministérios dos Estados Unidos, mas não se aplicavam ao Brasil. Era como tentar determinar a altura de alguém em pés e polegadas, usando uma fita métrica. Exigia algum tipo de tabela de conversão.

Os brasileiros se debatiam com a categorização de seus amigos. "O Carlos é um discípulo, ou um discipulador?" "Jorge é meu amigo. Tem uma categoria para amigo?"

A questão central estava no fato de que, como tantas outras pessoas no mundo, os brasileiros valorizam muito o relacionamento. Quando pedíamos a eles que colocassem seus amigos em categorias e contabilizassem, os amigos se tornavam uma forma de moeda. E, desse modo, tornavamse a medida de "sucesso" do trabalho. A tentação, então, era manipular – em vez de servir – as pessoas ao nosso redor, de modo que pudessem ser contabilizadas ou postas em nova categoria.

Ao fim do ano escolar, fizemos uma reunião na praia para conversar sobre os planos da GR que tínhamos escrito antes. De novo, o sofrimento. "O Roberto agora é um 'discipulador' ou ainda é um discípulo?"

Um dos rapazes tinha seguido o processo com precisão. Conseguia citar de cabeça os objetivos numéricos que tinha atingido. Outro não tinha um único número em seu relatório, mas tinha histórias sobre algumas pessoas com quem tinha passado tempo nos meses anteriores. Após compartilhar reações e sentimentos por várias horas, alguém veio com a resposta. Provavelmente foi Elísio. "O que esse processo exige que eu faça é transformar meus amigos em objetivos. Não consigo fazer isso."

Era óbvio que insistir nesse método de planejamento mudaria a natureza de nosso trabalho no Brasil. Passaria a ser profissional, impessoal, e destrutivo para os relacionamentos. Ciente do prejuízo envolvido, Jim voltou à reunião seguinte da Equipe Internacional e explicou que não conseguiria fornecer os dados estatísticos que o processo de GR exigia.

"Por que não?" queiram saber os membros da Equipe Internacional.

"Porque essas pessoas se percebem como um círculo de amigos, não como um ministério ou parte de uma organização."

Sem se convencer, insistiram. "Você sabe a diferença entre um convertido e um discípulo. Por que não pode olhar ao redor, fazer a contagem e nos enviar os números?"

A resposta do Jim deixou os limites bem claros, o que era absolutamente crucial para o futuro. "Eu poderia fazer isso, mas não por muito tempo. No futuro, terei que pedir a um brasileiro, como o Aldo, que assuma por mim. Ele perguntará: 'Por que o pessoal de Colorado Springs precisa saber quantos amigos tenho?'"

O diálogo enterrou definitivamente a questão da GR no que dizia respeito ao Brasil. O escritório em Colorado Springs continuou a levantar dados numéricos e gerar relatórios de GR dos ministérios dos Navegadores ao redor do mundo. A página do Brasil ficou em branco.

Voltamos ao nosso método "brasileiro." Começava com listas de amigos, alguns que estavam lendo a Bíblia conosco, e alguns que não. Outra lista era dos que respondiam à mensagem e estavam crescendo na fé. Compartilhávamos histórias do que acontecia nas vidas daquela gente: alegrias, tristezas, casamentos, bebês, mudanças de emprego.

A segunda fase do processo de planejamento envolvia a conversa sobre as necessidades nas vidas daqueles amigos. O que poderia ajudá-los a avançar em sua busca e seu relacionamento com Deus? E, afinal, de que modo, como equipe, conseguiríamos ajudar um ao outro a atender a essas necessidades da melhor forma?

Era um processo de planejamento funcional. Era o mero ciclo de uma ação, seguido da observação e reflexão sobre seu resultado. Então, pensávamos sobre ela e como deveria se repetir. E, o mais importante, era uma forma compatível com a cultura brasileira, regida por relacionamentos.

Alguns anos depois, os Navegadores descontinuaram o uso da GR. Ficou decidido que não era uma forma de gestão que servia às funções essenciais de planejamento para uma organização culturalmente diversa.

Para nós no Brasil, ressaltava o fato de que a vida

toda girava em torno de formas e funções. Quando a forma atende adequadamente à função, mal notamos sua presença. Mas quando a forma não se aplica adequadamente à função, gera tensão e frustração. Ou pior, podemos cair na armadilha de uma forma antiquada, sem sentido, que nos paralisa e nos faz segurar cavalos inexistentes.

Jim Petersen conduz uma reunião da equipe na praia.

21

Os Cinco As

A campainha tocou. Carol gritou lá dos fundos da casa de três quartos, que tínhamos comprado recentemente em Curitiba: "Tem alguém no portão. Ken, você pode ver quem é?"

Na maioria das casas brasileiras, a campainha está ao lado do portão de entrada. Se não houver uma, o visitante para no portão e bate palmas. Seria indelicado, e até perigoso, abrir o portão e ir até a porta da casa. O perigo poderia ser um comitê de boas vindas formado por dois Dobermans. Lá em casa, as boas vindas eram dadas por um poodle simpático até demais, de patinhas sujas.

Olhei através das cortinas e respondi a Carol, "É o Flávio Lazzari e o Mario Pudell. Você pode fazer café?" Acenando-lhes, abri a porta da frente que levava à sala de estar, e começamos a conversar.

Era julho de 1977. Tínhamos acabado de voltar de uma visita de seis meses aos Estados Unidos. Enquanto estávamos fora, nossa função no trabalho em Curitiba tinha sido assumida mais uma vez por brasileiros. É o tipo de risco ocupacional que você torce para que aconteça nesse trabalho. Mas Carol e eu vínhamos pensando sobre isso e conversando sobre qual seria nossa próxima contribuição. Logo iríamos descobri-la.

Flávio, Mario e eu ainda estávamos conversando quando Carol se juntou a nós alguns minutos depois, trazendo uma bandeja de café passado na hora e algumas das suas bolachas americanas com pedacinhos de chocolate, de fama internacional.

Ao observar como os dois partiam para cima das bolachas, uma pergunta me ocorreu, *Rapazes como Flávio e Mario vêm aqui para conversar comigo, ou vêm visitar a Carol, na esperança de que ofereça suas bolachas junto com o café?*

Naquele dia específico, queriam conversar comigo e com ela. Além de ser um exemplo de mãe e dona de casa, Carol estava se reunindo com algumas das namoradas, noivas e jovens esposas. Sua contribuição à conversa daquele dia foi vital.

Durante seu último ano de faculdade, Flávio Lazzari tinha participado do grupo de sábado à noite em Pato Branco, liderado por Dalby, sobre quem você leu no capítulo 19. Na época em que se mudou para Curitiba, para iniciar a faculdade, era um fervoroso seguidor de Jesus Cristo. A personalidade de Flávio tinha fortes tons de suas raízes italianas, e eu costumava chamá-lo de "garanhão italiano." Era o filho mais velho de uma família de três filhos e três filhas. Sua família inteira acabou aceitando a Cristo.

Mario tinha sido criado em uma família rica da região oeste do estado do Paraná. Alto, magro, ruivo e sardento, era o típico rapaz de fazenda com um cativante senso de humor simples e modesto. Naquele momento, eu jamais poderia imaginar aonde minha amizade com Mario me levaria.

Flávio e Mario tinham sido colegas durante quatro anos, e se formado em dezembro de 1976 em agronomia. Agora, ambos estavam contratados pela secretaria estadual de agricultura. Mario tinha se casado com sua namorada Elisabeth em junho. Flávio e sua noiva Sonia estavam planejando o casamento para dezembro. Por terem participado de encontros de domingo para formandos, Flávio e Sonia estavam ansiosos para fazer algo com Mario e Elisabeth.

Embora Flávio e Mario se conhecessem por muitos anos, foi só no último ano de faculdade que se tornaram amigos mais íntimos. Durante uma viagem de campo de um mês ao norte do Brasil, foram colegas de quarto e costumavam ter longas conversas sobre a vida. A família de Mario era de origem Católica, mas estava muito envolvida com espiritismo. Quando ele e Flávio começaram a ler o evangelho de João, a pessoa de Cristo se manifestou na vida de Mario de forma poderosa. No contexto da amizade que surgia entre os dois casais, a curiosidade de Elisabeth logo fez com que os quatro estivessem lendo a Bíblia juntos.

Assim que abriram suas vidas a Cristo, Mario e Elisabeth também perceberam o conflito que os esperava quando ele se formasse. Sua família tinha financiado seus estudos e esperava que ele assumisse a gestão da fazenda da família em sua cidade natal. Voltar para uma empresa familiar tão fortemente influenciada pelo espiritismo era algo que ele sabia que precisava evitar. Então, aceitou um modesto emprego público em Curitiba, que trouxe grande decepção à sua família.

Ao fim da conversa daquela tarde, tínhamos combinado de nos encontrar alguns dias depois, com a ideia de começar um grupo de estudo com casais. Carol sugeriu que viessem com Sonia e Elisabeth para tomar uma sopa. As noites frias de inverno em Curitiba eram uma oportunidade para Carol exercitar sua habilidade em preparar sopas, que tinham se tornado uma verdadeira tradição entre convidados em nossa casa.

Durante a conversa dos seis ao redor da mesa naquela noite, concluímos que precisávamos trazer mais alguns casais para o grupo. Quando nos encontramos novamente uma semana depois, éramos dez: Flávio e Sonia, Mario e Elisabeth, Roberto e Maria, Miguel e Claudete, e Ken e Carol. Esse grupo estava para embarcar numa aventura surpreendente, transformadora, sem precedentes. Iríamos viver horas divertidas, momentos de grande alegria, discussões estimulantes, encorajamento mútuo, crescimento pessoal significativo e dias de profunda tristeza juntos.

Esses quatro casais eram uma amostra representativa do trabalho no Brasil. Flávio e Mario eram agrônomos. Sonia fazia sua tese de pós-graduação em bioquímica. Elisabeth era uma artista talentosa que estudava pintura a óleo. Miguel estudava administração de empresas na universidade e Claudete era secretária executiva. Roberto era formado em engenharia civil e trabalhava numa empresa de construção. Maria estava em seu último ano de faculdade, e estudava química.

Para Carol e eu, este não era apenas mais um grupo de estudo bíblico que estávamos recebendo em casa. Na verdade, era um protótipo, um laboratório vivo do qual fazíamos parte. Enquanto o trabalho no Brasil continuava a crescer, este grupo tinha uma necessidade espiritual particular, que seria atendida pelo formato do tipo célula.

Eu vinha lendo livros, fazendo perguntas e reunindo ideias e informações sobre grupos-célula e igrejas domésticas. A maioria não me parecia muito útil. O movimento dos grupos pequenos nos Estados Unidos tinha o objetivo principal de atender às necessidades de membros da igreja tradicional. Muito do material que estudei descrevia um modelo de igreja tradicional que tinha encolhido até o tamanho de uma sala de estar. Esses conceitos eram relevantes para pessoas que tinham se cansado das reuniões grandes e impessoais com as quais estavam acostumadas nas manhãs de domingo, mas eram irrelevantes para jovens brasileiros de formação universitária, com pouca ou nenhuma exposição à igreja tradicional.

Quando estivemos nos primeiros seis meses de 1977 nos Estados Unidos, Carol e eu trabalhamos como "missionários visitantes" na igreja Mercer Island Covenant Church, nos arredores de Seattle. Mais do que apenas nos beneficiarmos da agradável hospitalidade da congregação, ganhamos uma privilegiada visão interna das atividades e projetos da igreja.

Agora que tínhamos desfeito as malas e voltado à vida cotidiana do Brasil, começamos a examinar o que tínhamos aprendido como missionários visitantes. Con cluímos que o que tornava aquela igreja única não era sua arquitetura nova e arrojada, ou seu santuário aberto e convidativo. Tampouco a música animada ou os sermões estimulantes e provocadores do Pastor Palmberg. Era mais sutil, como o aroma de uma vela aromática ou o perfume de uma rosa. Era uma atmosfera difícil de definir, e mais difícil ainda de explicar. Mas sabíamos que era algo ligado a relacionamentos.

Quando Carol e eu pensávamos e orávamos sobre este grupo recém-formado, decidimos que queríamos criar uma atmosfera parecida, um ambiente que privilegiasse relacionamentos.

Em março e abril de 1977, estudei profundamente o conteúdo de João, 13 a 17. Eu fiquei impressionado com o fato de que, no que pareciam ser as instruções finais de Jesus aos discípulos, o foco estava nos relacionamentos, não em organizações ou métodos. As palavras de Jesus registradas naquelas páginas enfatizam a importância fundamental da qualidade dos relacionamentos entre seus discípulos e ele, uns com os outros e, finalmente, no mundo em que viviam.

A pergunta que me vinha à mente era "Que tipo de ambiente, que tipo de estrutura atenderá melhor a essas necessidades?" E a pergunta seguinte era "Quais os componentes relacionais essenciais para um seguidor de Cristo?" Eu já sabia que a resposta não tinha nada a ver com bancos de madeira, púlpitos, becas de coral ou vitrais.

Àquela altura, Carol e eu tínhamos vivido fora dos Estados Unidos por tempo suficiente para saber que as igrejas em que tínhamos crescido acumulavam camadas de tradições e práticas. Por exemplo, nosso cronograma de domingo começava com uma "escola dominical para todas as idades" às 0945 horas. O horário das onze era sagrado, e reservado para o culto matutino de adoração. Os grupos de jovens se reuniam às seis da tarde, e um culto evangelístico era celebrado às sete e trinta. A adesão a este cronograma e o comparecimento à reunião de oração de quarta-feira à noite eram os critérios de autenticidade espiritual dos membros da igreja. Embora essas coisas tivessem valor e significado naqueles cenários, eram irrelevantes às nossas circunstâncias no Brasil.

Agora, estávamos diante do desafio de separar o que

representava séculos de bagagem cultural acumulada dos componentes essenciais de uma comunidade de seguidores de Cristo. As perguntas que nos fazíamos tinham como foco as necessidades de brasileiros de formação universitária e vida urbana, e seu contexto cultural próprio.

Não era difícil concluir que, se estivéssemos trabalhando com uma tribo no coração da Amazônia, não seria essencial reunir-se às 11 horas da manhã de domingo e sentar-se em bancos de madeira dentro de uma construção com um campanário e uma cruz no alto. Quais, então, seriam os princípios essenciais ao redor dos quais nos reuniríamos em algumas das maiores áreas metropolitanas do Brasil?

O tempo que iríamos passar com esses quatro casais nos meses seguintes nos ensinou muito e permitiu responder a essa e outras perguntas. Quando nos encontramos pela primeira vez, minhas notas eram rabiscos aleatórios a lápis em um pedaço de papel com data de 26 de julho de 1977.

Nossa discussão começou ao redor da palavra "ambiente," em português. Arquitetos, designers e decoradores frequentemente a usam para descrever o aspecto e a sensação que querem para o espaço criado em uma casa ou escritório. Ali entre nós, serviu como ponto de partida para a atmosfera que queríamos criar no nosso grupo.

Queríamos que este ambiente fosse um lugar aonde nossos amigos e parentes não-cristãos pudessem vir e se sentir confortáveis. Queríamos que fosse atraente a ponto de as pessoas desejarem estar ali, dizendo a si mesmas, *Eu queria poder participar de um grupo como este*. Assim como um decorador mobiliaria uma sala de estar para torná-la aconchegante, onde se pudesse jogar-se no sofá e se sentir realmente em casa, nós também queríamos esta atmosfera.

No alto de nossas listas estava a palavra "amizade." Ainda que a cultura brasileira fosse altamente relacional e as dez pessoas ali na sala se conhecessem havia muitos anos, chegamos à conclusão que nossa amizade tinha algo de superficial. Sabíamos muito pouco uns dos outros, nossas histórias familiares, nossa infância.

Decidimos imediatamente que, para começar, dedicaríamos tempo a ouvir a história de vida de cada um em nossos encontros semanais. Era uma experiência inédita para aqueles jovens. Ao contar suas histórias, em muitos casos, falavam sobre si mesmos o que jamais tinham se sentido à vontade para revelar a ninguém antes. Os três casais recém-casados aprenderam coisas novas sobre seus companheiros. Carol e eu tínhamos sido criados por pais religiosos, e detalhes de nossos anos formativos suscitaram perguntas curiosas. Esse compartilhamento gerou uma conexão imediata, e quase palpável, entre todos.

Chegamos à conclusão de que uma das razões da superficialidade nas amizades era o medo da rejeição. Se eu contasse detalhes íntimos da minha vida a alguém, poderia não me querer mais como amigo. Isso nos levou à próxima característica que queríamos em nosso ambiente, que era a "aceitação." Aceitação era a terceira palavra que começava com a letra A. Rimos e continuamos com nossa discussão.

A aceitação real e significativa se tornaria uma questão crucial ao grupo. No início, era um mar de rosas. Os casais se aconchegavam no sofá, de mãos dadas e beijos durante nossas conversas. Mais tarde, certos hábitos, manias e padrões de comportamento se tornaram irritantes. Por exemplo, decidimos que começaríamos às oito e terminaríamos às dez da noite. Mas um dos casais sempre se atrasava. O confronto com o fato de que estavam deixando oito pessoas esperando gerou uma discussão acalorada.

A pontualidade é uma questão relevante na cultura brasileira. Chegar pontualmente a um evento social, como festas ou jantares na casa de alguém, é uma grande gafe. A norma é aparecer entre trinta minutos e uma hora mais tarde. Mas chegar com atraso de trinta minutos a uma hora a uma entrevista de emprego ou a uma reunião de negócios poderia ser um desastre. E se você tiver comprado uma passagem de ônibus para São Paulo que sai às dez horas e chegar cinco minutos atrasado, perderá o ônibus.

Conversamos muito sobre o fato de que nossas reuniões não eram tão informais quanto uma festa, nem tão formais quanto uma reunião de negócios ou um horário de viagem. Na verdade, refletiam o compromisso mútuo de tratar um ao outro com honra e respeito. Aparecer quinze, vinte ou trinta minutos mais tarde sem uma boa razão significava ignorar esse compromisso; era falta de respeito pelos demais.

Aprender a aceitar e valorizar um ao outro apesar de nossas diferenças foi um aspecto importante da atmosfera que estávamos criando. Mas não era fácil.

O próximo assunto surgiu quando Carol e eu contamos histórias sobre o modo com que as pessoas na Mercer Island Convenant Church nos trataram durante nossa visita aos Estados Unidos. Uma delas aconteceu quando estávamos fazendo as malas de volta ao Brasil. Nossos filhos tinham comentado sobre os coletes acolchoados que muitos de seus amigos usavam, e perguntavam se poderiam comprar um desses coletes para levar com eles. Eu soube pelo pastor que um casal da igreja, Larry e Judie Mounger, tinham uma loja de fábrica que vendia roupas de frio, inclusive aqueles coletes. Corremos para a loja e, quando entramos, lá estava Larry para nos dar as boas-vindas, já devidamente informado pelo pastor de que estaríamos a caminho.

Larry nos apresentou a loja e o showroom da fábrica, no andar de cima, onde sua linha de japonas de ski, jaquetas impermeáveis e coletes acolchoados estavam em exibição. De olhos arregalados, cada um dos meninos escolheu um colete colorido, e Larry anotou suas escolhas em um bloco de papel. Insistiu para que Carol e eu fizéssemos o mesmo. Quarenta e oito horas depois, um caminhão da UPS entregou uma caixa com nossos coletes, direto do almoxarifado da fábrica. Poucas semanas mais tarde, entrávamos em nossa casa gelada de Curitiba, e a primeira coisa que fizemos foi abrir as mochilas estufadas com aqueles coletes acolchoados!

Este exemplo de cuidado com a necessidade do outro se tornou o foco de nossa discussão. Gerou um novo nível de intimidade, uma disposição de falar abertamente sobre finanças pessoais e outras áreas de decisão. Mas também nos desafiava como grupo a ajudar os demais de modo mais substancial do que conseguiríamos apenas individualmente.

Uma dessas oportunidades surgiu quando uma funcionária do escritório do Flávio confessou entre lágrimas que passava por dificuldades financeiras e corria o risco de perder sua casa. O marido estava com sérios problemas de saúde e incapacitado para o trabalho. O valor em dinheiro de que ela precisava excedia o que Flávio e Sonia conseguiriam oferecer. Quando o grupo soube da história, todos se mobilizaram e Flávio conseguiu entregar a ela o que precisava para salvar a casa. Para proteger sua dignidade, ele identificou o dinheiro como "empréstimo," sem juros, e não estipulou o modo como deveria ser devolvido.

Alguns anos mais tarde, ela veio com Flávio e Sonia a um dos nossos encontros, explicou que seu marido estava de volta ao trabalho, e passou a cada um de nós um cheque em devolução ao que lhe tínhamos emprestado. Na economia inflacionária brasileira, o que recebemos de volta era apenas uma fração do que tínhamos emprestado, mas o mais importante é que ela tinha recebido o cuidado amoroso de uma fonte pouco comum: seu supervisor no trabalho, e um grupo de amigos dele. A palavra em português que escolhemos para descrever este tipo de cuidado foi "amparo," acrescentando mais um A à nossa lista.

A cada semana que nos encontrávamos para discutir essas coisas, passávamos um tempo lendo a Bíblia. Ao lermos juntos o livro de Atos, víamos exemplos de cada uma de nossas palavras com A. Algo que chamou a atenção foi o fato de que os primeiros discípulos se reuniam para compartilhar refeições, absorver os ensinamentos dos apóstolos e passar um tempo em oração. Sem querer quebrar nossa corrente de palavras com A, optamos por "alimentação," que remete à ideia de "nutrição."

A certa altura do processo que envolvia o uso de palavras com A para capturar esses conceitos, adotamos "Os Cinco As" como apelido para o nosso grupo. Algum tempo depois, acrescentamos o sexto A em consequência de uma noite muito especial.

Estávamos reunidos ao redor da mesa de jantar para mais uma das sopas da Carol. Em circunstâncias normais, passaríamos à sala de estar para o nosso momento de leitura das Escrituras e oração. Mas, naquela noite, fizemos algo que nunca tínhamos feito antes.

Carol e Sonia tiraram a mesa, e deixaram apenas as taças de vinho e um prato com pão. Lembrei ao grupo que Jesus tinha essas duas coisas sobre a mesa em seus ensinamentos finais aos seus discípulos. Então dei a seguinte sugestão: "Antes de partirmos este pão e tomarmos o resto de vinho, eu gostaria de refletir por um momento e compartilhar o modo como nossas vidas têm sido afetadas pelo que Jesus fez por nós na cruz."

Eu nunca poderia imaginar o que se seguiria, e jamais esquecerei. Um a um, aqueles jovens brasileiros, agora seguidores devotos de Jesus Cristo, compartilharam as profundezas dos seus corações. Calmamente, com vozes embargadas pela emoção, e algumas lágrimas que desciam por seus rostos, ofereceram seu louvor e ação de graças pelo que Deus tinha feito em suas vidas, pelo amor e aceitação que estavam vivenciando em seus casamentos e no grupo. Passamos o resto da noite ao redor daquela mesa, num momento sublime de adoração.

Em nossa reunião uma semana depois, ao refletirmos sobre aquela experiência, decidimos que precisávamos acrescentar mais uma palavra com A: "adoração."

Esta experiência teve um efeito profundo sobre mim. Enquanto relembrava aquelas declarações íntimas e tocantes de louvor e adoração, voltei-me para as palavras de Jesus em João 4: "No entanto, está chegando a hora, e de fato já chegou, em que os verdadeiros adoradores adorarão o Pai em espírito e em verdade. São estes os adoradores que o Pai procura.

Deus é espírito, e é necessário que os seus adoradores o adorem em espírito e em verdade" (versículos 23 e 24).

As palavras ditas ao redor de nossa mesa de jantar naquela noite continham uma profunda verdade pessoal. Descreviam perdão, libertação de culpa, paz interior, transformação e um novo propósito para a vida. Palavras de verdade oferecidas a Deus, mas o que ficou gravado para sempre em minha mente é que eram palavras de adoração.

O grupo dos Cinco As, que agora tinha acrescentado um sexto A, continuava a se desenvolver, e estava pronto para compreender mais profundamente o que significava ser unido como corpo de Cristo.

Ken Lottis apresenta a infame "tijologia," um estudo sobre a estrutura histórica da Bíblia.

22

Allelon: Os Relacionamentos São Fundamentais

Era mais contagiante do que eu poderia ter imaginado. Nosso grupo dos cinco As continuava a se reunir, e a notícia se espalhou como um vírus entre os que participavam de nossos domingões.

"Podemos participar do grupo que você e Carol estão conduzindo?" "Por que você não nos avisou que faria um grupo como este?"

Eu dava a mesma resposta a todos que me faziam este tipo de pergunta. "Reúna quatro ou cinco casais com este mesmo interesse, e os ajudarei a dar os primeiros passos." Logo, dois outros grupos parecidos com o cinco As tinham se formado em Curitiba.

Por sua vez, isso me obrigou a pensar sobre como diferenciar um grupo de estudo bíblico e um grupo célula como o cinco As. Por falta de uma palavra melhor, passei a usar "ambiente."

Tenho uma pasta cheia de notas, escritas a lápis em folhas de papel ofício, que eu usava naqueles dias. O foco era como materializar o que estávamos aprendendo sobre criar um ambiente. Uma das notas dizia que era óbvio que havia uma necessidade fundamental de "um ambiente que tornasse possível a cada pessoa viver a vida em Cristo em todas as suas dimensões."

Na mesma pasta havia uma transparência de retroprojetor, que obviamente usei em uma apresentação e que dizia, "Um ambiente existe quando as pessoas se relacionam ao redor das Escrituras e da oração, quando reconhecem crescimento em suas vidas e na dos membros do grupo, e quando usam seus talentos para evangelizar e edificar os demais."

Outro conjunto de notas definia ambiente com mais detalhes, com palavras-chave em destaque: "Um ambiente existe (1) quando as pessoas (2) se relacionam (3) ao redor das Escrituras e da oração de modo espontâneo (4), contínuo (5) e intenso (6)."

1. *Existe:* Um ambiente não se forma sozinho; é criado. Cresce ou desaparece. Não sobrevive sem esforço e atenção.
2. *Pessoas:* É essencial que estejam comprometidas e compartilhem os mesmos valores e motivação.
3. *Relacionam:* Uma comunicação significativa é o que acontece quando se fala honestamente e se ouve atentamente. Não é apenas mais uma reunião.
4. *Espontâneo:* Fazer parte de um ambiente é algo voluntário, algo que se deseja.
5. *Contínuo:* É preciso estabilidade e compromisso com a composição básica do grupo.
6. *Intenso:* Não se trata de um cenário casual ou indiferente. Há energia; é algo vivo e envolve todos os aspectos da vida de uma pessoa.

Este processo estava em vias de receber um imenso impulso depois de uma ida ao correio no centro de Curitiba. Durante os anos em que vivemos no Brasil, nossa correspondência era dirigida a uma caixa postal, e não à nossa residência. Devido ao tránsito pesado e problemas de estacionamento no centro da cidade, demorávamos para ir ao correio e verificar a caixa postal.

Naquele dia em especial, a caixa postal estava lotada. No meio do maço que tirei da caixa havia um grande envelope pardo de um amigo de Mineápolis, Paul Ramseyer, gerente da estação de rádio KTIS da Northwestern College. Abri logo o envelope e achei um bilhete de Paul, anexado a um livreto de estudo bíblico que ele tinha usado com um grupo pequeno.

Pelo que lembro, foi a primeira e única vez que Paul me escreveu enquanto eu estava no Brasil. Numa troca recente de emails, ele não conseguia lembrar o que o levou a me enviar o livreto, com suas anotações e comentários. O autor era o Dr. Gene Getz, um antigo membro do corpo docente do Dallas Theological Seminary. O foco do estudo era a palavra grega *allelon*, usada no Novo Testamento. Essa palavra pode ser traduzida como "um ao outro," ou "um com o outro," ou "um pelo outro."

Não consigo descrever minha reação ao folhear o livreto. Era como se o apóstolo Paulo, não Paul Ramseyer, tivesse me enviado aquelas informações. Instintivamente, eu sabia que era exatamente o que nosso grupo dos cinco As precisava aprofundar.

Deixando o livreto num canto, puxei minha imensa *Strong's Concordance* da estante. Peguei um bloco de notas e comecei a fazer uma lista de todas as referências do Novo Testamento que usavam a palavra *allelon* no original. Editei a lista até chegar a quarenta e oito passagens, coloquei uma folha na minha máquina de escrever e comecei a digitar o que se tornaria um dos roteiros de estudo bíblico mais amplamente divulgados no trabalho dos Navegadores no Brasil.

O grupo Cinco As começou a trabalhar no tema "uns aos outros." Provavelmente passamos uma noite inteira no primeiro versículo da lista, Marcos 9:50: "O sal é bom, mas se deixar de ser salgado, como restaurar o seu sabor? Tenham sal em vocês mesmos e vivam em paz uns com os outros."

Essa passagem, combinada a João 13:35, trouxe à tona o fato de que nossa identidade como seguidores de Jesus está ligada ao modo como nos tratamos uns aos outros. "Com isso, todos saberão que você são meus discípulos, se vocês se amarem uns aos outros."

Certa noite, discutíamos Romanos 12:5: "assim também em Cristo nós, que somos muitos, formamos um corpo, e cada membro está ligado a todos os outros." Era uma revelação de impacto. O que significava que pertencíamos uns aos outros? O conceito, de certa forma, parecia uma invasão de privacidade. Finalmente, uma das jovens esposas, com a voz embargada de emoção, resumiu a discussão: "Se eu não estiver indo bem na minha vida espiritual, não sou a única afetada. Afeta a todos. Isso é muito sério."

As referências que falavam sobre animar, aconselhar e demonstrar compaixão pelo outro produziram experiências incríveis no grupo. Havia muitas semanas que Mario reclamava da sua situação de trabalho, na secretaria de agricultura. Sentia tédio com as tarefas burocráticas e as tabelas estatísticas. Até que uma noite, conversamos muito com ele, deixando que expressasse suas frustrações e, em seguida, passamos um tempo especial em oração. Pedimos a Deus que lhe desse ideias criativas sobre seu trabalho.

Logo depois disso, ele teve uma ideia certa manhã, ao chegar ao trabalho. Passou o resto do dia ao telefone, reunindo dados atualizados sobre as principais lavouras estaduais a partir dos escritórios regionais espalhados pelo estado. Esses dados normalmente chegavam até ele três a quatro semanas mais tarde, como parte de um relatório mensal. Com os dados recentes obtidos por telefone e os relatórios do ano anterior, ele obteve um panorama ultra-atualizado do que ocorria no estado. Havia uma seca, e todos no governo estavam preocupados, mas ninguém tinha certeza de nada. Agora, com base no seu trabalho criativo, Mário tinha certeza.

Ele apresentou seu relatório e, após examiná-lo, seu chefe o levou ao secretário de agricultura do estado. Este, por sua vez, o levou imediatamente ao governador. Ao meio dia, o governador já tinha enviado o relatório a Brasília e, naquela noite, os detalhes do relatório de Mario estavam nos noticiários da TV!

O governador então informou ao secretário de agricultura que queria um relatório semanal do Mario. Em duas semanas, Mario teve um aumento que dobrou seu salário mensal. Seus relatórios seguintes foram citados pelo governo federal em Brasília e publicados em uma revista de circulação nacional, e Mario apareceu na TV local para explicar o processo de elaboração do seu relatório.

Ele nos mantinha informados ali no grupo, sempre dando o devido crédito ao ambiente de incentivo que tínhamos criado e à intervenção de Deus em sua visão do trabalho.

Continuávamos estudando essas passagens de "uns aos outros" e os resultados eram visíveis em diversos aspectos de nossas vidas. Era normal para mim passar um tempo pessoal com cada um dos homens; Carol fazia o mesmo com as mulheres; e, às vezes, tínhamos encontros individuais com casais. Percebemos que muitas das questões com as quais lidávamos naqueles encontros agora vinham à tona no grupo. A verdade de Romanos 15:14 se tornou uma realidade nas vidas das pessoas daquele grupo: "Meus irmãos, eu mesmo estou convencido de que vocês estão cheios de bondade e plenamente instruídos, sendo capazes de aconselhar-se uns aos outros."

Um exemplo foi quando um dos homens apareceu em nossa casa no meio do dia. Tinha acabado de largar o emprego, após uma discussão com seu chefe. Não era a primeira vez que fazia aquilo e, por dentro, eu fui me irritando ao ouvir a mesma história de sempre.

Quando terminou, eu disse, "Já conversamos sobre este problema antes. Parece que minhas tentativas de ajudar não deram certo. Por que você não leva isso ao grupo, para ouvir a opinião deles?"

"Ah, não, não posso fazer isso. Eles não entenderiam, e seria um constrangimento para minha esposa."

"Acho que você está subestimando sua esposa e seus amigos do grupo. Pense nisso."

No encontro seguinte, quando o grupo começou a falar sobre o que acontecia nas vidas de cada um, olhei na direção daquele homem. Ele desviou o olhar e, então, decidi que era um daqueles momentos em que a situação tinha chegado ao limite.

Apontando na sua direção, falei, "Você e eu tivemos uma conversa interessante alguns dias atrás, sobre sua situação no trabalho. Por que você não fala sobre isso ao resto do grupo, e vê o que acham?"

Após alguns minutos de silêncio tenso e um olhar de "muito obrigado" em minha direção, ele contou sua história, hesitante.

A resposta não foi apenas imediata, mas também demonstrou grande empatia e discernimento. O conselho que recebeu foi bem prático, seguido de um tempo de oração. A responsabilidade perante o grupo trouxe a dinâmica necessária, que mudou seus padrões de comportamento no trabalho.

Nesta mesma época, outro fato importante aconteceu no grupo cinco As, registrado nas minhas notas sobre o tempo que passávamos em oração. A princípio, nossas orações giravam em torno de questões pessoais. Flávio e Sonia nos pediam que orássemos pelo seu casamento, que seria em alguns meses. Miguel estava se preparando para a prova final na universidade. Carol e eu pedíamos ao grupo que orasse pelos nossos três filhos e os desafios escolares que tinham pela frente. Então, os nomes de outras pessoas começaram a aparecer. Roberto e Maria pediram que orássemos por seus amigos, Carlos e Paulina. Flávio e Sonia estavam passando tempo com um casal de seu escritório.

Não sei dizer exatamente quando foi, mas começamos a conversar sobre a necessidade de acharmos um modo de trazer os amigos. Acabamos fazendo uma reunião familiar em um domingo que entrou para a história do grupo. Foi concebida a partir do costume cultural de reunir a grande família.

Nossa casa no Jardim Santa Bárbara, em Curitiba, tinha uma garagem para dois carros na parte de trás do terreno, que transformamos em área de churrasco e piquenique. Era um lugar perfeito para nossas reuniões. O cinco As e seus amigos começaram a chegar com seus filhos ao redor das dez, no domingo de manhã. Café, pão fresco e frutas eram parte das boas vindas, junto com o jornal de domingo. As mulheres trabalhavam nas saladas, enquanto os homens começavam a acender o carvão e preparar a carne do churrasco.

No encontro inicial, fizemos uma breve pausa e Flávio falou ao grupo. Relembrou o modo como formamos um grupo de amigos com o mesmo interesse em questões sobre a existência de Deus e aspectos espirituais de nossas vidas. A alegria e as conquistas durante o tempo que passamos juntos agora nos animavam a trazer outros amigos.

Então ele anunciou que, em algumas semanas, teríamos um novo encontro de domingo para mais um momento de discussão sobre uma leitura da Bíblia. Deixou claro que não havia nenhum compromisso — todos eram livres para vir, ficar ou sair.

Aquele domingo foi típico de muitos que se seguiram. Passávamos o resto do dia grelhando carne e apreciando a boa comida, em um ambiente familiar. Depois do almoço, o grupo jogava baralho, xadrez, ou assistia à corrida de Fórmula 1 ou ao jogo de futebol na TV. Tínhamos uma coleção de brinquedos, jogos e quebra-cabeças para entreter crianças de todas as idades. Lá pelo meio da tarde, um café feito na hora era servido com bolo ou bolachas. Geralmente, alguém trazia um violão para o meio da roda e começava a cantar sambas ou canções do folclore brasileiro. Ao cair da noite, uma a uma as famílias voltavam para suas casas. Para os que ficavam mais um pouco, o que tinha restado de salada e churrasco virava recheio de sanduíche.

Esses encontros eram uma adaptação do domingão de alguns anos antes. Traziam um cenário natural e culturalmente familiar, para que o evangelho entrasse na vida de pessoas de vida urbana e ativa. Essa iniciativa das discussões de domingo do grupo cinco As gerava um interesse cada vez maior de seus amigos, que formavam novos grupos com o objetivo de estudar mais profundamente o evangelho de João.

Em um fim de semana de setembro de 1978, fizemos uma conferência em uma cidade litorânea próxima a Curitiba. Ocupamos um hotel local do tipo resort e usamos o maior espaço de que dispunham para nossas reuniões — que, por acaso, era o bar. Pelo menos duzentas pessoas se dividiam em grupos ao redor de mesinhas ou se sentavam em cadeiras espalhadas pela pista de dança. O tema da conferência era "Solidão, A Doença do Homem Moderno, e o Corpo de Cristo." Pediram que eu falasse na manhã de domingo sobre o que estávamos vivendo em nosso grupo Cinco As.

Em uma carta que escrevi alguns dias depois, descrevo assim aquele fim de semana:

> Minha mensagem durou umas duas horas e meia, com um intervalo para o café. Acho que nunca falei em nenhum lugar e sobre nenhum assunto que gerasse uma reação daquelas. Quando paramos na metade para o café, as pessoas me procuravam, algumas com lágrimas nos olhos, sem conseguir falar. Os que falavam, diziam coisas como 'É exatamente o que eu precisava ouvir.'

Eu estava tomado de emoção. Registrei em meu diário que o que tinha dito na manhã de domingo, 10 de setembro de 1978, provavelmente tinha sido minha contribuição mais importante ao trabalho no Brasil.

No mesmo evento, Aldo fez apresentações marcantes sobre "O Corpo de Cristo." A combinação de suas mensagens e de meu relato de nossas experiências no grupo cinco As foi um marco na história do trabalho no Brasil.

Foto na página 207: Carol Lottis planeja um estudo bíblico para mulheres.

23

Sexo, Mentiras, Propinas, e Impostos

Nos capítulos anteriores, descrevi duas coisas que caracterizaram nossas atividades durante os primeiros anos em Curitiba. A primeira era o modo como líamos João com um indivíduo ou grupo. A segunda era o tempo que Jim e eu passávamos juntos a cada quatro ou seis semanas revisando as listas de estudantes com os quais estávamos em contato, discutindo e orando sobre o que acontecia em cada uma de suas vidas. Não demorou para que os padrões começassem a surgir. É sobre isso que trata este capítulo.

À medida que apreendiam a verdade do que liam, a reação daqueles indivíduos à pessoa de Cristo e aos seus ensinamentos se tornava cada vez mais evidente. Suas respostas demonstravam a consciência de que não se tratava de um mero conjunto de ideias religiosas a ser adicionado a um estilo de vida já existente. Na verdade, era a percepção de que muitos de seus pressupostos básicos eram falsos e muito do comportamento culturalmente aceito estava sendo questionado.

Não era resultado de uma estratégia de crítica ou confronto que estivéssemos seguindo; era uma das consequências do tempo que passávamos lendo e discutindo a Bíblia. Era como se o próprio Jesus estivesse conosco na mesa do nosso escritório ou de nossa sala de estar, tomando um cafezinho e tornando vivas as Escrituras. João 15:22 descreve bem isso: "Se eu não tivesse vindo e lhes falado, não seriam culpados de pecado. Agora, contudo, eles não têm desculpa para o seu pecado."

Em alguns casos, a pessoa saía porta afora e nunca mais voltava. Outros desapareciam por semanas e, então, reapareciam de repente, retomando o ponto em que tínhamos parado na leitura das Escrituras. No entanto, a maioria era capturada pela beleza holística da mensagem como algo que envolvia todas as dimensões de suas vidas – seus sonhos e esperanças de amor e casamento, família, carreira, relacionamentos duradouros. A vida passava a ser plenamente integrada quando uma pessoa se tornava seguidora de Cristo.

Nas próximas páginas, você encontrará quatro exemplos de como tudo isso tomou forma na vida real. Os dois primeiros — sexo e mentiras — eram essenciais à integridade pessoal e fundamentais ao casamento e relacionamentos íntimos. Propinas e impostos eram críticos na vida pública e profissional. Como você verá, não éramos espectadores imunes a essas questões, mas estávamos aprendendo como nossa própria visão de mundo precisava ser coerente com as Escrituras, e não com a nossa herança cultural norteamericana.

Sexo

Era tarde, e eu estava exausto. Um estudante de engenharia e eu tínhamos acabado outra sessão do evangelho de João. Era um dos primeiros com quem eu tinha iniciado este tipo de diálogo. O nível de energia mental para pensar, ouvir e falar português durante aqueles primeiros anos era para lá de intenso. Aquela noite não tinha sido exceção. Apesar da noite fria no escritório sem aquecimento, minha camisa estava molhada de suor.

Vínhamos nos encontrando assim havia vários meses, naquele pequeno escritório no centro da cidade. Cada vez que o encontro acabava e ele saía, eu não tinha a menor ideia se voltaria.

Mas ele continuava voltando, com mais perguntas. Parecia que aquela noite tínhamos conseguido um avanço real. Então fiz minha pergunta padrão mais uma vez: "Você ainda tem perguntas que precisam de resposta antes de assumir um compromisso?"

Ele acenou que sim, mas permaneceu calado. Eu aguardava. Depois do que pareceu uma hora, evitando contato visual, ele começou a falar. Eu sabia que, pela expressão tensa em seus olhos e boca, era assunto pesado.

"Você já está no Brasil por tempo suficiente para saber . . ." Ele parou, olhando direto em meus olhos, e continuou ". . . para saber como são as coisas para os rapazes como eu. Quanto a sexo. O que acontece se eu crer e aceitar isso . . . ?" Ele parou no meio da frase, quando acenei com um movimento sutil de que tinha compreendido sua pergunta.

Ele se referia a um padrão cultural comum aos jovens do Brasil na época. A certa altura da adolescência, na companhia do pai, do tio ou de algum amigo da família, ele seria apresentado a uma prostituta para ter sua iniciação sexual.

A partir daquele momento, esperava-se que passasse a ter atividade sexual regular como parte de um regime de saúde normal como uma dieta adequada, fazer exercícios, tomar banho, escovar os dentes e usar meias limpas.

Agora, por um mistério que eu só poderia atribuir à ação do Espírito Santo, esse jovem questionava a adequação de um comportamento tido como plenamente normal em sua cultura.

"Boa pergunta," respondi, tentando parecer calmo e contido. Por dentro, eu sentia um nó no estômago ao me dar conta do que estava em jogo naquele momento. Como Jim e eu aprendemos, em vez de tentar responder verbalmente a essas perguntas, eu abria minha Bíblia em I Coríntios 6, apontava para o versículo 12, e dizia, "Comece por aqui e leia o resto do capítulo. Veja se responde à sua pergunta."

> 'Tudo me é permitido,' mas nem tudo me convém. 'Tudo me é permitido,' mas eu não deixarei que nada me domine.' Os alimentos foram feitos para o estômago, e o estômago para os alimentos,' mas Deus destruirá ambos. O corpo, porém, não é para a imoralidade, mas para o Senhor, e o Senhor para o corpo. Por seu poder, Deus ressuscitou o Senhor, e também nos ressuscitará. Vocês não sabem que seus corpos são membros de Cristo? Tomarei eu os membros de Cristo e os unirei a uma prostituta? De modo nenhum! Vocês não sabem que aquele que se une a uma prostituta é um corpo com ela? Pois, como está escrito, 'Os dois serão uma só carne.' Mas aquele que se une ao Senhor é um espírito

com ele. Fujam da imoralidade sexual. Todos os outros pecados que alguém comete, fora do corpo os comete; mas quem peca sexualmente, peca contra seu próprio corpo. Acaso não sabem que o corpo de vocês é santuário do Espírito Santo que habita em vocês, que lhes foi dado por Deus, e que vocês não são de si mesmos? Vocês foram comprados por alto preço. Portanto, glorifiquem a Deus com o corpo de vocês (versículos 12 a 20).

Em silêncio, como na calma após a tempestade, ele leu aquelas linhas, recostou-se na cadeira por alguns minutos, e se levantou. Ele agarro a Bíblia a fechou. Dirigiu-se à porta, murmurando, "Isso resolve tudo."
"Resolve o quê?" perguntei, esperando adiar sua partida.
Com uma das mãos na maçaneta, ele respondeu, "Isso resolve tudo. Eu nunca conseguiria." Girando a maçaneta, começou a sair.
As próximas palavras que saíram da minha boca me impressionaram. Era um daqueles momentos em que eu não tinha ideia do que dizer, mas sabia que precisava me colocar. O que saiu de dentro de mim foi, "Estou feliz de ouvir que você compreendeu. Você está certíssimo. Nunca conseguiria . . . por conta própria."
Numa pausa para alcançar minha Bíblia, continuei. "Na próxima vez em que nos encontrarmos, eu gostaria de ver o que diz aqui sobre o que acontece depois de abrirmos nossas vidas ao controle de Deus."
Ele hesitou por alguns segundos, e concordou. "Certo, vejo você aqui. Mesmo horário. Terça à noite." E saiu pela porta.
Enquanto eu ouvia seus passos sumirem pelo corredor, respirei aliviado e orei para que ele realmente

aparecesse como tinha prometido.

Essa foi uma das muitas conversas que abordaram de um modo ou de outro o tema da sexualidade. Eram situações que nos colocavam, tanto figurativa quanto literalmente, ao lado de nossos amigos brasileiros, para lermos e ouvirmos juntos a Palavra de Deus a nós.

Foi uma parte significativa da nossa experiência de aprendizado perceber que as questões que o apóstolo abordava em suas cartas eram relevantes à vida no Brasil quase dois mil anos depois. Aqueles princípios atemporais se tornariam a base de seus casamentos e de sua vida familiar. É como se tivéssemos recebidos um novo par de óculos para ler aqueles textos com os quais estávamos familiarizados, e ver o que nunca tínhamos visto antes.

Mentiras

Antes de me mudar para o Brasil, nunca pensei no modo como as mentiras se entrelaçam com o tecido cultural. Ao viver em uma cultura diferente daquela em que cresci, comecei a perceber as malhas americana e brasileira. Às vezes, quando examinamos um tecido cultural à luz da verdade de Deus, é como olhar o avesso de uma tapeçaria. Todas as pontas soltas, inclusive a falta de integridade, tornam-se visíveis.

Por exemplo, fiquei pensando sobre a história de Ananias e Safira em Atos 5, se em seus negócios imobiliários tinham adquirido da sua cultura o hábito de mentir sobre o valor monetário de suas transações. Pedro os confronta com uma nova realidade: "Você não mentiu aos homens, mas a Deus" (versículo 4). Nos parágrafos seguintes do capítulo, os resultados trágicos são registrados em detalhes dramáticos.

Ao passarmos tempo com aqueles jovens brasileiros que tinham se tornado seguidores de Jesus Cristo, a noção de que as Escrituras podiam ser uma "lâmpada que ilumina os meus passos e luz que clareia o meu caminho" (Salmo 119:105) era fundamental. Renovamos nossa confiança de que "a palavra de Deus é viva e eficaz. Mais afiada que a espada de dois gumes; ela penetra ao ponto de dividir alma e espírito, juntas e medulas, e julga os pensamentos e intenções do coração" (Hebreus 4:12). Muitas vezes, ficamos surpresos com as preocupações e perguntas que surgiam em nossas discussões.

Para estudantes, as questões de integridade diziam respeito principalmente a coisas triviais como colar em provas, copiar trabalhos universitários, ou roubar livros. Em mais de uma ocasião ouvi, para meu espanto, histórias sobre esquemas elaborados que os estudantes desenvolviam para colar nas provas. Ou como algum livro importante de referência era escondido na biblioteca para evitar que colegas tivessem acesso a ele. Com a aproximação da formatura, as oportunidades de emprego e o mercado de trabalho se tornavam muito competitivos. Se uma vaga de trabalho fosse anunciada em um quadro de avisos da universidade, em muitos casos, o primeiro estudante que a visse poderia rasgá-la para que outros não se candidatassem a ela.

A noção de que educação em maior quantidade e qualidade resolveria os problemas do Brasil foi contradita por um estudante, novo em seu relacionamento com Deus, com a seguinte observação: "Se fosse verdade que a formação universitária realmente mudasse uma pessoa, não precisaríamos de cadeados nos nossos armários da escola."

Também comecei a entender o modo como a mentira se torna uma necessidade inevitável em um estilo de vida com promiscuidade sexual. O componente essencial de confiança do casamento, e de todos os relacionamentos, é inatingível quando alguém se torna um mentiroso crônico.

Propinas

Assim que um estudante deixava a universidade e entrava para o mundo dos negócios, todo um novo conjunto de perguntas passava a dominar as discussões. "Meu chefe me orientou a dar uma propina ao fornecedor e pedir um preço melhor. O que devo fazer?" "Estou negociando uma venda grande para minha empresa. O comprador está insinuando que quer dinheiro por baixo dos panos para fechar o negócio."

Éramos levados a áreas que, além de estarem profundamente imersas na cultura, eram muito complexas. Pesquisávamos as Escrituras, conduzíamos discussões e fazíamos perguntas sobre temas como quando um funcionário deveria executar as instruções de seu superior e quando deveria recusar, com base na consciência.

Ao ser traduzida para o português, a palavra *bribe* ganha uma grande diversidade de palavras e práticas. Para alguém que não tenha crescido na cultura brasileira é, de fato, assustador entender as sutilezas.

Ao lidarmos com essas e outras questões culturais parecidas, compreendemos a tendência ao etnocentrismo, ou seja, enxergar outros povos e culturas a partir da sua própria. Os americanos que vão à Grã-Bretanha costumam se referir brincando a "dirigir do lado errado da rua." Ouvi um turista no Brasil perguntar a um balconista, "Quanto é isso em dinheiro de verdade?"

O próximo passo lógico dentro dessa mentalidade seria alguém em minha situação no Brasil presumir que nossa definição cultural de certo e errado também é "crista." Contudo, à luz das Escrituras, muitos aspectos "preto no branco" de uma cultura podem virar cinza. Carol e eu crescemos em ambientes religiosos, onde beber vinho ou cerveja era proibido. Ao nos adaptarmos culturalmente ao Brasil, avaliamos aquela proibição pelas lentes das Escrituras e fizemos alguns ajustes significativos.

Também concluí que a localização geográfica tem forte influência sobre o pensamento de um indivíduo a respeito dessas questões. A viagem de Pedro de Jope à casa de Cornélio (veja Atos 10) mudou sua perspectiva de modo definitivo. Os judeus nascidos e criados em Jerusalém pareciam ter dificuldade em entender o que Paulo enfrentava em Antioquia. O que pode parecer simples e claro em Dallas ou Chicago poderia ser muito mais complicado em Curitiba ou Campinas.

Por crescer nos Estados Unidos, fui apresentado à prática da gorjeta, através da qual oferecemos um valor como recompensa ou pagamento por serviços prestados. A maioria dos americanos sabe dar uma gorjeta a um garçom em um restaurante. Viajantes frequentes sabem quanto dar de gorjeta a um motorista de táxi, a um carregador de malas no aeroporto, ou em um hotel sofisticado. A gorjeta é dada após o serviço, como forma de gratidão ou recompensa. Em alguns casos, uma gorjeta é dada com a intenção de influenciar serviços ou operações futuras.

Não seria incomum informar a um garçom que "estamos com ingressos para um concerto e agradeceríamos muito por um serviço rápido." Um pedido assim deixa implícito uma gorjeta mais generosa. Mas você se sentiria confortável em oferecer aquela gorjeta antes de pedir um serviço mais rápido?

Passei por uma situação parecida no nosso primeiro ano em Curitiba. Tínhamos solicitado o visto permanente e contratado um despachante, alguém com autoridade jurídica para preparar a documentação e nos orientar ao longo do processo. Acompanhei o despachante, que carregava uma pasta cheia de documentos, até um gabinete do governo, para encaminhar a papelada.

Assim que cruzamos a porta, ele parou e explicou, "Há duas maneiras de fazermos isso. Podemos encaminhar esses documentos e, dentro de seis a oito semanas, estarão processados e prontos. Ou posso anexar esta gorjeta aos documentos" — ele me mostrou um valor em moeda brasileira, equivalente a três dólares — "e você pode vir buscar os papéis em três dias. Neste caso, eu acrescentaria este valor à sua conta pelos meus serviços."

Eu tinha ouvido falar sobre aquela prática, mas foi meu primeiro contato direto com ela. Em português, a palavra usada não é "suborno," que é o dinheiro dado para que se faça algo ilegal. A palavra que o despachante usou era "gorjeta," a mesma que se usa na situação do valor extra dado a um garçom. Neste tipo de situação, você está dando uma gorjeta com antecedência pelo serviço rápido.

Vínhamos trabalhando no visto permanente havia meses. As consequências diárias de viver com vistos temporários eram incrivelmente frustrantes. Perceber que eu podia encerrar o processo em três dias ao oferecer uma gorjeta com antecedência, ou esperar mais dois meses, exigia uma decisão imediata. O que eu deveria fazer? Recusar, com base em minha reação instintiva de norte-americano? Ou aceitar, como parte do estilo de vida brasileiro?

Eu já tinha abandonado muitos de meus hábitos norte-americanos de dirigir, como parar diante de sinais de PARE, obedecer a semáforos e dar prioridade a pedestres. Ao se aproximar de um sinal de PARE em um cruzamento, pisa-se no acelerador ou nos freios, dependendo da proximidade e velocidade dos demais veículos. Do mesmo modo, não é necessário parar em um sinal vermelho se não houver outros veículos vindo do outro lado do cruzamento. Afinal, você é mais inteligente que um dispositivo mecânico que acende ou apaga uma luz. E se um pedestre aparecer na sua frente, a buzina costuma ter prioridade sobre os freios. São aspectos normais do estilo brasileiro de dirigir, e não se adaptar significa correr o risco de um acidente feio, uma batida na traseira pelo carro que vem atrás de você, ou um motorista desviar abruptamente para evitar o motorista tolo que acabou de parar diante de um sinal de PARE.

Agora, no mar de gente na entrada daquele prédio público, eu estava numa encruzilhada. Tinha que tomar uma decisão instantânea. Piso no meu pedal de freio norte-americano, ou no meu acelerador brasileiro?

Momentos depois, meu despachante e eu fomos até o balcão e ele passou a pasta ao funcionário, que me cumprimentou pelo nome. Assustado, olhei com espanto. O homem que abriu a pasta, habilmente guardou a gorjeta em uma gaveta e me cumprimentou de modo efusivo era um membro da escola dominical para adultos na igreja presbiteriana que Carol e eu frequentamos durante uma época. Depois, fiquei imaginando se ele não teria considerado minha gorjeta um sinal de gratidão por suas longas horas de serviço público.

Essa e outras experiências parecidas me ajudaram a compreender as complexidades que jovens cristãos brasileiros enfrentavam em suas carreiras profissionais. Algumas questões eram claramente do tipo preto no branco, outras recaíam numa vasta área cinza, em que a visão das Escrituras, o conselho sábio de amigos e uma consciência sensível ao Espírito Santo precisavam guiá-los.

Essas experiências também me ensinaram que eu não poderia seguir cegamente minha consciência formada na cultura norte-americana, com o pressuposto de que estaria sempre biblicamente correta.

Impostos

Provavelmente, a falta mais séria de integridade aparecia na área de impostos. As leis de declaração de imposto de renda de pessoa física eram cheias de lacunas e mal aplicadas. No final da década de sessenta, o governo federal promulgou novas leis e aos poucos fechou o cerco àqueles que tentavam evitar a declaração de renda individual. Uma imensa campanha pública de informação pela TV apresentava o ministério da fazenda como um leão. Após lembrar a todos de apresentar sua declaração e avisar do que ocorreria se não o fizessem, o leão soltava um rugido feroz. Era eficaz e intimidador, para dizer o mínimo.

Querendo evitar a atenção daquele leão, Jim e

eu procuramos a consultoria fiscal de um contador que Jim tinha conhecido em uma igreja batista de Curitiba. Levando nossos registros e recibos, entramos no escritório do contador. Ele abriu dois formulários em branco de declaração de renda sobre a mesa e perguntou, "Então, quanto imposto vocês acham que deveriam pagar?"

Jim e eu olhamos uma para o outro, sem entender nada. Não tínhamos a menor ideia do motivo de ele nos fazer aquela pergunta. Ele acabou sugerindo um número que, pelo que lembro, era mais ou menos cem dólares. Acenamos em aprovação e vimos ele registrar aquele número na linha final de nossas declarações de imposto de renda.

Então, com o auxílio de sua calculadora, ele preencheu cada declaração de trás para frente, até que chegou ao início do formulário, com um número que representava nossa renda bruta. Recostando-se em sua cadeira com um ar de satisfação, deu uma caneta a cada um de nós e apontou para uma linha, "Assine aqui." Tínhamos acabado de ter uma aula de contabilidade tributária brasileira!

Aquelas declarações nos colocaram oficialmente no sistema do leão, e nos tornamos portadores de um cartão de CPF. Um ano depois, fiquei amigo de um gerente do escritório da Price Waterhouse em Curitiba. Ele designou um de seus contadores para nos ajudar a fazer nossas declarações por uma metodologia mais ortodoxa.

Mais uma vez, nossas experiências foram úteis para compreendermos o grau de relatividade e o tamanho da área cinza das leis de declaração de imposto de renda individual.

No entanto, era nas leis tributárias empresariais que

o dilema tinha as implicações mais graves para nossos amigos brasileiros. A explicação popular era que o governo trabalhava com o fato de que, assim como na declaração individual, as empresas burlariam suas declarações fiscais. Assim, a tributação era excessiva para compensar a evasão esperada.

A prática comum era a empresa ter dois conjuntos de livros contábeis. O primeiro conjunto oficial era para os auditores fiscais e, em geral, refletiam um valor modesto de lucro. O segundo conjunto clandestino de livros geralmente registrava a maior parte do fluxo de caixa e o lucro substancial.

Foi em uma empresa assim que um jovem chamado Luiz Marcos foi contratado como contador. Marcos tinha iniciado sua jornada de fé na companhia de Mario Nitsche, quando ambos eram funcionários de um banco no centro de Curitiba. Mario foi testemunha de um evento que rendeu a Marcos uma promoção de sua modesta função de operador de elevador a algo que o tornou quase uma lenda na história do banco.

Mario tinha entrado no elevador lotado de Marcos, junto com outros funcionários a caminho do andar mais alto, para o intervalo do café. Quando o elevador parou no quarto andar, onde estavam os escritórios dos executivos, as portas se abriram e o presidente do banco deu um passo em direção ao elevador. Marcos ergueu a mão e, educadamente, barrou sua entrada — "Desculpe, senhor, mas este elevador está lotado. Eu o levarei na próxima viagem." Enquanto o elevador continuava a subir, Mario e os demais funcionários estavam atônitos, olhando para aquele jovem corajoso que tinha fechado as portas na cara do chefe. Três dias depois, Mario recebeu um telefonema de Marcos, com a notícia: "A ordem aparentemente veio do presidente;

acabei de ser promovido a um emprego melhor."

Muitos anos depois, Marcos assumiu um emprego de contador que literalmente colocaria sua vida em perigo. Foi apresentado ao conjunto oficial de livros e logo demonstrou suas habilidades na execução das tarefas. Algum tempo mais tarde, ele recebeu a responsabilidade adicional pelo segundo conjunto de livros, aquele que o ministério da fazenda jamais veria. Quando chegou o dia do próximo pagamento, ele encontrou uma quantidade considerável de dinheiro junto a seu holerite, em seu envelope de pagamento. O cheque era da empresa "official," e o dinheiro era da empresa "secundária." Ele descobriu que havia cinco ou seis funcionários envolvidos na gestão da empresa "secundária," e que cada um recebia uma quantia em dinheiro, livre de impostos e que, deste modo, os comprometia com o seu sigilo.

Durantes os meses seguintes, ele e sua esposa ficaram encantados com a renda adicional. Passaram a sonhar sobre como gastariam aquele dinheiro. Então algo sobre consciência surgiu em uma das discussões do grupo de estudo bíblico. Aquelas quantias regulares de dinheiro em seu envelope de pagamento vieram à mente. Parecia uma prática corporativa normal, sem consequências. Mas, ao abordá-la com os amigos, Marcos tomou uma decisão corajosa. Depois de conversar com sua esposa, foi falar com o chefe. Explicou-lhe que continuaria a fazer o trabalho contábil de ambos os conjuntos de livros, mas que não aceitaria mais aqueles pagamentos em dinheiro.

Seu chefe ficou confuso e, em seguida, desconfiado e furioso. Estava preocupado com o potencial de chantagem ou denúncia da situação que o envolvia. Meses de tensão se seguiram depois que outros funcionários descobriram o que Marcos tinha feito. Ninguém compreendia a explicação que tinha dado para não aceitar o dinheiro. O que faziam era considerado normal; seu comportamento simplesmente não tinha sentido.

Tinha que haver outra razão. Suas ligações telefônicas eram monitoradas, inclusive uma que fez a Mario, descrevendo o que ocorria no escritório. A reação do seu chefe foi imediata. "Se você me denunciar às autoridades fiscais do governo, eu o matarei." Marcos sabia que não era uma ameaça vazia. Sua vida estava em risco.

Ele continuou a executar seu trabalho, e seus colegas acabaram acreditando em sua explicação, mesmo que não a compreendessem. Ele demonstrava ser confiável, um traço raro no mundo empresarial brasileiro.

Muitos anos depois, um antigo colega de trabalho contatou Marcos com uma oferta que literal e financeiramente mudou sua vida. Uma nova empresa tinha sido constituída, e queriam que Marcos entrasse e gerenciasse os assuntos financeiros. Queriam alguém em quem pudessem confiar. Marcos passou o resto de sua carreira profissional na empresa, promovendo seu crescimento e sucesso.

Sua experiência é apenas uma de muitas histórias que demonstram como a primeira geração de cristãos abriu suas próprias trilhas pela selva cultural do mundo empresarial, com base em seu conhecimento cada vez maior das Escrituras. Também sustenta a absoluta necessidade de pessoas como Marcos estarem cercadas por um grupo comprometido de amigos cristãos. Houve situações similares em que outros descobriram práticas comerciais questionáveis em seus locais de trabalho. Agir sem o benefício de amigos que os ajudassem a pensar em um plano de saída logo fez com que fossem vistos como combatentes de ares quixotescos, que perdiam a credibilidade e, em alguns casos, o emprego.

24

Uma Questão de Vida ou Morte

O grupo cinco As fechava um encontro numa noite quente de verão, no pequeno apartamento de Mario e Elisabeth, em janeiro de 1980. Estávamos nos pedidos durante a oração, quando Mario puxou a manga da camisa e nos mostrou um ponto escuro na parte de trás de seu braço esquerdo.

"Minha esposa quer que um médico veja isso," ele disse com seu jeito descontraído típico. Todos rimos, deixando Beth constrangida. Mas ninguém mais riria duas semanas depois, quando ele anunciou solenemente que a biópsia indicava câncer de pele, um melanoma.

Na época, eu não sabia a diferença entre um melanoma e uma melancia, mas estava para aprender. O oncologista de Mario retirou cirurgicamente o ponto em seu braço e o tecido ao redor. Quando o câncer parecia estar se espalhando, recomendou a Mario que se consultasse com médicos nos Estados Unidos. Com fluência muito limitada no inglês, Mario me procurou com um pedido: "Não posso fazer essa viagem sozinho.

Minha família cobrirá todas as suas despesas. Você pode ir comigo?" Eu não tinha como dizer não.

Os próximos dias foram cheios, com os preparativos para a viagem ao M. D. Anderson Cancer Center em Houston, Texas. O médico de Mario me deu cópias de seu histórico médico e um artigo sobre melanoma do New England Journal of Medicine. Precisei de um dicionário para ler a primeira frase. Dizia algo grave como "o melanoma metastizado está associado a um prognóstico ruim." Assim que entendi as implicações, com meu cérebro sobrecarregado pelas informações médicas, deixei o artigo de lado.

Tirei-o de minha pasta a bordo de um 747 da Pan Am, ao voarmos do Rio a Miami. Enquanto Mario dormia ao meu lado, li mais alguns parágrafos e entendi que o prognóstico era ruim, com uma perspectiva de sobrevivência ao redor de dezoito meses. Depois de beliscarmos nosso café da manhã antes de pousar em Miami, fiz ao Mario algumas perguntas para entender o que ele sabia e o que o oncologista tinha lhe dito sobre seu diagnóstico. O nó no meu estômago ficou mais apertado quando percebi que ele não sabia o quanto sua situação era séria.

Não lido bem com hospitais. Nunca perguntei à minha mãe mas, talvez, eu não tenha tido uma boa experiência naquele dia de junho de 1934, quando nasci. Posso entrar em maternidades e ver recém-nascidos em berçários. Mas logo entendi que M. D. Anderson não tinha nada de maternidade.

Tentei não olhar para as crianças pequenas sem cabelo, jogadas em cadeiras de roda. Evitei contato visual com um homem esquelético que vinha na minha direção, usando suspensórios para evitar que sua calça caísse. Sentei ao lado de um senhor bem vestido que lia o *Wall Street Journal* com um tubo intravenoso inserido em seu braço, esperando que ele não falasse comigo.

Tudo o que eu podia fazer era ser o melhor intérprete possível do Mario e da equipe de especialistas e médicos com quem se consultou naqueles dias. Quando voltamos ao Brasil, ele estava otimista sobre o que tinha visto e aprendido.

Assim que chegamos a Curitiba, eu tinha muitas questões novas pela frente. Carol e eu estávamos cercados de uma nova geração de jovens cristãos. Famílias jovens como Mario e Beth, que tinham uma filha linda de um ano de idade. Para eles, era impensável que Deus não curasse o câncer de Mario.

Mergulhei nas Escrituras, em busca de respostas a perguntas que nunca tinham me ocorrido. Durante nosso tempo em Houston, Mario e eu tínhamos lido a carta de Paulo a seus amigos em Éfeso. Depois do retorno a Curitiba, continuamos a passar tempo juntos, geralmente de manhã, antes de ele ir para o trabalho.

O conteúdo do capítulo 1 parecia se aplicar de modo especial a nós, pelo modo como Paulo apresentava o panorama geral dos objetivos de Deus aos seus leitores. Quando estamos diante da questão da mortalidade, esse panorama é uma necessidade absoluta. Nossa atenção se voltou para os versículos 11 a 14.

> Nele fomos também escolhidos, tendo sido predestinados conforme o plano daquele que faz todas as coisas conforme o propósito da sua vontade, a fim de que nós, os que primeiro esperamos em Cristo, sejamos para o louvor da sua glória. Nele, quando vocês ouviram e creram na palavra da verdade, o evangelho que os salvou, vocês foram selados com o Espírito Santo da promessa, que é a

garantia da nossa herança até a redenção daqueles que pertencem a Deus, para o louvor da sua glória.

A frase "o plano daquele que faz todas as coisas conforme o propósito da sua vontade" parecia reiterar o que Paulo tinha escrito em Romanos 8:28: "Sabemos que Deus age em todas as coisas para o bem daqueles que o amam."

Eu precisava relembrar a mim mesmo e ao Mario que "todas as coisas" incluía o melanoma. Deus não tinha se esquecido de nós. Ele também tinha nos dado uma garantia – não de uma duração específica de vida, mas de redenção.

Depois de pensar sobre isso, falei ao Mario, "Quando você nasceu, o médico deu uma certidão de nascimento aos seus pais. A certidão não trazia nenhuma garantia impressa de quantos anos você viveria. Se o médico quisesse, poderia ter dado aos seus pais uma certidão de óbito com seu nome, deixando em branco a causa da morte e a data." Como era do seu jeito, Mario achou a ideia divertida e acabamos rindo.

Em agosto, Mario e eu falamos a um grupo grande de pessoas em um domingão em Curitiba, compartilhando o que ambos estávamos aprendendo e em resposta a algumas das perguntas que surgiam, como "Por que Deus não faz algo por Mario?" "Não deveríamos orar mais intensamente para que Deus curasse Mario?" Eu procurava mostrar da melhor maneira possível que Deus já tinha feito algo muito significativo pelo Mario e cada um de nós. Tinha enviado seu Filho para morrer em uma cruz, para que tivéssemos um relacionamento eterno com ele. Mas o que mais me impressionava, e também aos que ouviam e observavam Mario, era sua confiança serena em Deus.

Imediatamente depois de falar durante aquele Domingão, Mario foi internado. No dia seguinte, o médico fez outra cirurgia no braço esquerdo de Mario, na tentativa de erradicar as células que se espalhavam. Um nervo foi danificado durante a cirurgia e, a partir daquele momento, seu braço esquerdo perdeu os movimentos e a função.

Cerca de um mês depois, Carol e eu, junto com Mario e Beth, viajamos a Florianópolis e Porto Alegre. Usando o mesmo conteúdo que preparamos para o domingão em Curitiba, tivemos a oportunidade de estar com outros grupos de pessoas nas duas cidades, falando sobre doenças com risco de vida, cura e morte. Navegávamos por águas desconhecidas com uma geração de novos cristãos. Apesar da seriedade da situação, aquela viagem com Mario foi um prazer. Ele ligava o rádio do carro e sintonizava uma estação que tocava música sertaneja brasileira, e cantava junto, de um jeito muito engraçado e meio desafinado.

Mas a realidade não era para rir. O melanoma continuava com a sua implacável invasão do corpo de Mario. Próximo da época das férias, uma tomografia revelou pontos em seus pulmões. Fizemos planos para uma nova viagem a Houston.

Após rodadas de exames e consultas, foi recomendada a aplicação de quimioterapia. Mario encantou a equipe durante o lento processo de seu primeiro tratamento. Parecia não ter consciência do que estava para acontecer. Chovia muito quando saímos de M. D. Anderson em um táxi. Fizemos nosso registro no hotel antes de ele ser tomado pela primeira onda de náusea. Passei as próximas horas alternando entre segurá-lo em meus braços no chão do banheiro e sentar ao seu lado na cama, segurando uma bacia, enquanto ele vomitava.

Ao retornarmos a Curitiba, éramos veteranos na rotina da quimioterapia. Eu guardava uma bacia sob o banco de passageiros do meu carro para a viagem até em casa, brincando com ele que não estragasse meu estofamento. Ele ria; por dentro, eu chorava.

Em função do forte envolvimento com espiritismo, alguns membros da família de Mario tentaram convencê-lo a se consultar com um médium famoso, conhecido por seu poder de cura. Argumentavam que ele já tinha visto os melhores médicos nos Estados Unidos, sem resultado. Havia muitas histórias de curas milagrosas feitas por esse curandeiro, bem como outros "médicos" espíritas que acreditavam reencarnar personalidades médicas famosas do passado.

Mario buscou meu apoio, ao tentar se comunicar com sua família. Com a voz embargada de emoção, disse, "Mesmo que eu soubesse que poderia ser curado por esse homem, eu preferiria morrer e permanecer firme no cuidado amoroso de Deus." Engoli em seco, quando me dei conta de que o que Mario tinha dito era um eco das palavras de Jó: "Embora ele me mate, ainda assim esperarei nele" (Jó 13:15).

Quando novos tumores começaram a crescer, a dor de Mario atingiu níveis que ele não conseguia suportar ou tratar em casa. No início de setembro, ele entrou no hospital pela última vez. Na manhã de 7 de setembro, recebi o telefonema que eu temia. Mario tinha entrado em coma. Peguei minha Bíblia e atravessei a cidade, até o hospital.

Beth, Flávio, alguns familiares de Mario e eu estávamos ao redor de sua cama. Eu segurava sua mão inerte, lia as Escrituras e orava. Quando terminei, ele pareceu abrir levemente os olhos e murmurar algo que parecia ser "vou embora." Poucas horas depois, ele deixou aquele corpo maltratado pela dor e entrou na presença daquele a quem aprendeu a amar e em quem soube confiar de um jeito tão bonito.

No corredor fora do quarto, um de seus familiares se aproximou de mim. "Como você deve saber, nossa família não tinha nenhum relacionamento com padres ou pastores. Você foi o amigo e conselheiro espiritual de nosso irmão. Gostaríamos que você cuidasse de tudo no funeral e no cemitério." Minha primeira reação seria sair correndo, mas olhei para o corredor e vi o Flávio. Então, respondi, "Obrigado. Seria uma honra. Mas eu gostaria de pedir a ajuda do Flávio. Ele e Mario eram melhores amigos, como você sabe."

O Brasil tem uma lei de enterro em vinte e quatro horas, então não tínhamos muito tempo para preparar nada. Felizmente, alguém ligou para Aldo, que visitava parentes em Florianópolis, e ele pegou um ônibus no início da manhã seguinte, chegando a tempo para ajudar a mim e Flávio.

Uma multidão se espremia no salão do velório, enquanto formávamos um semi-círculo ao redor do corpo de Mario, que jazia em um caixão simples. De onde eu estava, era bem claro que, em um lado da sala, estava a família e os colegas de escritório de Mario. Do outro, estava o grupo cinco As, Sonia segurando a mão de Beth, e alguns dos amigos de Mario da turma.

Falei brevemente sobre minha amizade com Mario e sua incrível fé e confiança em Deus. Então li João 11:25-26: "Disse-lhes Jesus: 'Eu sou a ressurreição e a vida. Aquele que crê em mim, ainda que morra, viverá; e quem vive e crê em mim, não morrerá eternamente. Você crê nisso?'" O contraste entre as expressões nos rostos de um lado da sala e de outro era algo que jamais esquecerei.

A doença e morte de Mario nos mostraram um território novo. Como pequena comunidade de fé e nova geração de cristãos, tínhamos encarado a morte e todas as suas consequências. O discurso de Paulo em I Coríntios 15 ganhou um significado renovado, ao lutarmos com a perda de nosso amigo.

Meu registro no diário de 7 de setembro de 1981 inclui estas palavras:

> Hoje, meu amigo Mario Pudell morreu. Enquanto escrevo estas palavras, sinto um nó na garganta; meus olhos marejam. Estou, ao mesmo tempo, triste e feliz. Triste por perder um amigo com quem passei horas memoráveis. Feliz porque ele foi libertado de um corpo torturado por uma doença que é a própria essência da malignidade. Triste porque perdi um amigo com quem vivi uma aventura rara e única. . . . Passamos tantas horas juntos, viajando, sentados em salas de espera, quartos de hotel, aeroportos etc., e o resultado é um baú do tesouro cheio de lembranças. . . . Agora, na calma desta noite, reflito sobre as passagens das Escrituras que lemos juntos. Como Efésios 1:14 que, em português, usa a palavra resgate para 'redenção.' Foi realmente um caso de resgate. . . . Hoje, Deus resgatou Mario de um corpo doente e sofrido.

25

Será que Vai Funcionar no Rio?

O jovem sentado do outro lado da mesa no restaurante americano Denny's era recém-formado. Durante a faculdade, participou ativamente do ministério no campus. Enquanto eu visitava a região de Seattle, ele me ouviu contar algumas das histórias sobre o que fazíamos no Brasil e me convidou para tomar um café da manhã. Ao começar a saborear os ovos fritos e a batata suíça, propus algo simples: "Então, fale-me de você."

O que seque é uma combinação de sua história com histórias parecidas que eu ouvia em minhas visitas aos Estados Unidos nos anos 1970 e 1980.

"Formei-me em ciência da computação, como melhor aluno da turma, e fui chamado para um emprego com um salário incrível na..." e citou o nome de uma empresa grande no ramo da computação. "Saí e comprei um terno completo, um par de sapatos sociais, e uma pasta elegante de couro. Em meu primeiro dia de trabalho, era como um sonho que se tornava realidade. Após assinar papéis, ser fotografado e receber meu crachá, o funcionário do RH me apresentou ao meu grupo de trabalho."

Fez uma longa pausa, balançou a cabeça como se não acreditasse na própria história e, então, riu. "Nem que eu estivesse vestido de palhaço me sentiria mais deslocado. O primeiro dos rapazes que veio me cumprimentar estava usando um macacão, sem camisa, sandálias Birkenstock gastas, e o cabelo puxado para trás, preso em um rabo de cavalo. O mais bem vestido do grupo usava uma calça Levi's desbotada com furos nos dois joelhos, uma camisa de flanela amassada e um par de botas de caminhada. Foi a primeira e única vez que usei aquele terno para trabalhar."

Àquela altura da história, eu já tinha perdido o interesse nos ovos e na batata. "Nada do que fiz ou aprendi no campus me preparou para aquele dia e os meses seguintes. Eu supunha que se formar como melhor aluno da turma e se envolver ativamente com a equipe do ministério facilitaria o compartilhar da minha fé no trabalho."

Tomando um gole do seu café já quase frio, continuou. "Logo entendi que todos naquele grupo tinham se formado como os melhores de suas turmas nas mais respeitadas universidades do país: Stanford, Carnegie Mellon, MIT. Cada um tinha suas crenças e estilo de vida. O rapaz de macacão era vegano; uma das meninas praticava meditação transcendental; também havia um budista e um judeu ortodoxo no grupo. Aceitaram a minha pessoa e o meu estilo de vida, mas é como se houvesse uma regra silenciosa de que ninguém deveria tentar impor suas crenças aos demais."

Entendi perfeitamente o que ele dizia. Sua experiência com a equipe do ministério no campus normalmente era uma reunião semanal à noite para "fazer evangelismo," o que em geral consistia em bater nas portas de imensos dormitórios universitários. Se o ocupante do quarto não estivesse interessado ou fechasse a porta em sua cara, você ia para a próxima porta, até chegar ao fim do corredor. Havia provavelmente quinhentos rapazes em dormitórios como aquele e, cedo ou tarde, você encontraria alguém que o atendesse. Ele saiu daquela experiência com a noção de que evangelismo é uma atividade ou um evento do qual se participava.

Agora, meu jovem amigo estava trabalhando com o mesmo grupo de pessoas, no mesmo conjunto de baias, por cinquenta a sessenta horas semanais. Ele não poderia mais fazer aquele tipo de evangelismo. Não poderia mais ser uma atividade ou evento; tinha que fazer parte do seu modo de vida.

Passamos a conversar sobre construção de relacionamentos. Parecia que, para ele, a amizade era rua de mão única, que poderia ser usado para "compartilhar" sua fé. Se a pessoa não respondesse de imediato, não haveria razão para prosseguir com a amizade. Ele e sua noiva tinham sido convidados para algumas festas pelo pessoal do trabalho, mas ficavam desconfortáveis naqueles ambientes, e deve ter ficado evidente. Os convites foram minguando. Ele passou a considerar a possibilidade de procurar outro emprego.

Nossas primeiras experiências em Curitiba nos ajudaram a ver que nossos relacionamentos eram bidimensionais. Nossos jovens amigos brasileiros se tornaram guias culturais, que nos levaram a uma compreensão melhor da mentalidade brasileira. Prestávamos muita atenção às palavras e expressões que usavam ao falar de questões relativas à fé. Ao lermos juntos as Escrituras, pudemos ver histórias familiares através de seus olhos e conhecer pontos de vista interessantes.

Quando Jim e eu estávamos fazendo as primeiras amizades em Curitiba, também conversámos e orávamos sobre outras cidades grandes do Brasil e da América Latina. Não tínhamos certeza de como e quando aconteceria, mas acreditávamos que Deus formaria uma nova geração de cristãos que, ao longo de suas vidas, se alastraria pelo país e pelo continente.

Não tínhamos comprometido nossas vidas, e as vidas de nossas esposas e filhos, com o trabalho entre estudantes, ano após ano, apenas para assistir a sucessivas levas de formados morrerem na praia da vida real. A ideia de lançar esta iniciativa entre os estudantes só fazia sentido se pudessem viver vidas atraentes e voltadas a Deus, quando se formassem.

Para que isso se tornasse realidade, era essencial que o que fazíamos em Curitiba entre os estudantes e recém-formados se mantivesse extremamente simples e passível de reprodução. Significava que suas vidas em Cristo precisavam naturalmente fazer parte de tudo o que faziam, não apenas um evento ao qual iam uma noite por semana ou no domingo de manhã. Precisava ser algo que todos pudessem adotar para o resto de suas vidas.

Assim, a primeira pergunta que tínhamos pela frente era: "Será que isso funciona bem nas outras cidades grandes do Brasil?"

O Rio de Janeiro é caracterizado por praias, biquínis e um estilo de vida descontraído. Ou você relaxa e sai para se divertir com os cariocas, ou não se relaciona com eles. Mas o Rio também é um centro político importante onde, com frequência, explodem protestos de estudantes e greves de fechar as ruas.

São Paulo, por outro lado, é a cidade mais industrializada da América Latina, onde a vida acontece num ritmo frenético. Praticamente todas as grandes empresas, bancos e instituições financeiras do mundo têm sucursal lá. Ou você aprende a viver nesse ritmo, ou não sobrevive.

Os gaúchos de Porto Alegre também são diferentes, profundamente orgulhosos de sua identidade independente e peculiar como povo, e suas grandes fazendas de criação de gado. Certa vez, quando eu tomava um cafezinho em Porto Alegre, ouvi uma conversa que revelava esta mentalidade. O homem ao meu lado perguntou a seu amigo. "Sua filha casou com um brasileiro ou um gaúcho?"

A mobilidade do que iniciamos em Curitiba era um assunto frequente, sobre o qual Jim e eu conversámos e orávamos. A certa altura, a palavra "movimento" entrou nas nossas conversas.

Com a ajuda de um advogado, registramos uma organização legal chamada Os Navegadores do Brasil. Como pessoa jurídica, a organização tinha sua vida oculta em uma gaveta de escritório. Os Navegadores do Brasil não tinham conta bancária, nem propriedade, nem escritório com placa com o nome na porta. Existia unicamente com o fim de dar uma identidade jurídica à nossa presença no Brasil e para nos ajudar a obter os vistos para vindas futuras.

Um movimento, por outro lado, é difícil de definir e nem sempre tem uma existência jurídica. Pode ser organizado, mas pode não ter vínculos com uma única organização. Há uma liderança, mas sem controle centralizado.

Um exemplo clássico é o que ocorreu depois que

o Dr. Kenneth Cooper publicou seu livro, intitulado *Aerobics,* em 1968, onde introduziu uma nova palavra à língua inglesa e um conceito revolucionário de condicionamento físico. O livro foi traduzido para inúmeros idiomas e sua mensagem mudou a vida de pessoas no mundo inteiro. Hoje, nos arredores de Dallas, Texas, o Cooper Aerobics Center tem uma grande instalação multimilionária. O nome Cooper se tornou sinônimo de exercício aeróbico; os brasileiros costumam perguntar, "Você já fez seu Cooper hoje?"

Mas a essência do movimento de Cooper não está em seu nome, seus livros ou sua instalação de ponta no Texas. Está na simplicidade. Para fazer parte do movimento, tudo o que você precisa é colocar uma camiseta, shorts, amarrar seu tênis, sair de casa, e pronto: você está participando.

De modo parecido, para participar do movimento no Brasil, tudo o que você precisa é se sentar com um amigo, pegar umas Bíblias baratas publicadas no Brasil pela Sociedade Bíblica Internacional, e começar a ler. E talvez trazer um cinzeiro e passar um café. Qualquer coisa além disso tende a se tornar excesso de bagagem.

Em meados da década de 1970, o uso de retroprojetores se tornou prática comum nas escolas e empresas. Alguém sugeriu que a turma de Curitiba deveria comprar um projetor, para ser usado em grandes reuniões do grupo, como os domingões.

Epaminondas Rosa, um jovem sagaz, opôs-se. "Vou doar dinheiro para o projetor," disse. "Mas deve ser propriedade de um indivíduo, não da turma."

"Qual o problema da turma ser proprietária de um retroprojetor?" alguém questionou.

Epaminondas foi rápido em dar uma resposta, que apontava para o cerne da mobilidade de um movimento. "Hoje, é um retroprojetor; amanhã, será outra coisa. Vamos acabar precisando de um escritório para guardar tudo. Depois, teremos que contratar alguém para gerenciar o escritório. Então vamos comprar o retroprojetor, mas precisa ficar no nome de uma pessoa, não da turma."

Ele compreendia que, no mundo material, por mais benéficos que os bens materiais possam ser, podem se tornar um excesso de bagagem que desacelera e pode acabar paralisando completamente um movimento.

Movimento e Liderança

Desde os primeiros dias em Curitiba, Jim e eu procuramos passar as responsabilidades de liderança aos nossos amigos brasileiros. Fosse um grupo de estudo bíblico semanal com meia dúzia de estudantes, fosse um daqueles "estudos abertos" de domingo de manhã descritos no capítulo 9, preferíamos orientar de fora do campo do que fazer tudo por nossa conta. Era uma troca. Uma discussão que fosse conduzida de forma menos que perfeita era mais do que compensada pela mensagem que pretendíamos passar: "Isto é seu, não nosso."

Como já mencionei, quando um de nós viajava para os Estados Unidos em licença, todas as responsabilidades de liderança ficavam com os brasileiros. Quando voltávamos, cuidadosamente nos reinseríamos no andamento geral, para não nos limitarmos a retomar as coisas do ponto onde as tínhamos deixado.

Então, em maio de 1973, a palavra "liderança" ganhou um novo patamar, quando Jim escreveu a carta abaixo a alguns de seus amigos nos Estados Unidos:

Levou exatamente nove anos, nove meses e vinte e quatro dias. Em 21 de agosto de 1963, chegamos ao Brasil. A missão era conquistar alguns indivíduos para Cristo, apoiá-los e formar a liderança necessária para manter um movimento de discipulado neste país de 100 milhões de pessoas. Tem sido uma aventura incrível para nós! Agora nos encontramos cercados por nossa grande 'família' de cristãos em crescimento. Dentre eles, surgiu uma liderança muito competente – homens de grande estatura que, de fato, nos substituíram. Uma vez que nossa presença não é mais necessária, estamos arrumando as malas e temos reservas em um Boeing que sai em 15 de junho rumo ao hemisfério norte. Queremos que vocês conheçam nosso substituto. Seu nome é Aldo Berndt. Aldo é um homem de Deus, cheio de talentos. Não tenho a menor preocupação em deixar em suas mãos os dez anos que investimos aqui. Não significa necessariamente que estamos procurando emprego. Planejamos passar dois anos em Colorado Springs nos preparando e montando equipes que desenvolvam o trabalho dos Navegadores nos demais países da América Latina. Depois, esperamos nos mudar novamente para algum lugar na América Latina.

Quando Jim embarcou naquele voo de 15 de junho com Marge e seus quatro filhos, um conjunto de mudanças já estava em curso e o trabalho no Brasil ganhava uma nova cara. Estava surgindo uma geração de líderes brasileiros. Osvaldo e Lenir Simões estavam se preparando para um ano de treinamento com os Navegadores no México. Mario Nitsche estava deixando sua profissão de dentista para que, junto com sua esposa Sueli, pudesse dedicar seu tempo ao trabalho com os estudantes. Fernando e Ieda Gonzalez estavam em contato com os recém-chegados Ray e Sharon Rice, para inaugurar um novo trabalho com estudantes em Ribeirão Preto. Quando Aldo e Aracy se mudaram para Curitiba, deixaram Elísio e Celina na liderança de um grupo de estudantes e recém formados em Florianópolis. Em Porto Alegre, Jack e Barb Combs apoiavam uma equipe de estudantes e formados em fase de amadurecimento.

Carol e eu nos tornamos tanto observadores como participantes de um processo que, sob a liderança do Aldo, deu ao ministério no Brasil seu aroma e caráter próprio de algo "assumido e operado" por brasileiros.

A certa altura da história de nossa equipe com os Navegadores, a linguagem em Mateus 9:37-38 chamou nossa atenção: "Então disse aos seus discípulos: 'A seara é grande, mas os trabalhadores são poucos. Peçam, pois, ao Senhor da seara que envie trabalhadores para a sua seara.'"

Alguém cunhou a frase: "O trabalho é pela vida toda," que se tornou nosso grito de guerra. Queríamos ver um fluxo interminável de trabalhadores equipados e motivados para se comprometer com o plano e os propósitos de Deus . . . pelo resto de suas vidas.

Para que isso acontecesse, a liderança local precisava estar preparada, e cada nova geração precisaria reviver a paixão de comunicar as boas novas na linguagem da sua época.

Um dos componentes cruciais para que isso se tornasse realidade era o modo como aquelas jovens famílias estavam construindo seus casamentos e criando seus filhos. Nós nos perguntávamos, *Qual a melhor maneira de prepararmos essas famílias para que eduquem seus filhos "segundo a instrução e o conselho do*

Senhor?" (Efésios 6:4).

Sabíamos que a prioridade máxima era um casamento sólido. Uma das frases memoráveis de nosso amigo e mentor matrimonial, Dr. Henry Brandt, era: "Aprende-se mais pelo exemplo do que pelo discurso." Conforme relato no capítulo 19, estávamos fazendo um investimento imenso de nosso tempo na preparação dessas jovens famílias.

Os padrões tinham mudado em nossa própria família, quando passamos a várias outras atividades com os estudantes nas manhãs de domingo. Em nossos primeiros anos em Curitiba, frequentávamos em família a escola dominical e a igreja no domingo. Na época em que nos mudamos para Porto Alegre, em 1970, isso tinha acabado. Estávamos aprendendo que a escola dominical não precisava acontecer na manhã de domingo, às nove e quarenta e cinco, em um lugar que tinha uma placa na frente dizendo "igreja."

Naquelas manhãs de domingo, quando nossa sala de estar ficava lotada de estudantes para nossos estudos abertos, nossos três filhos sempre participavam. Em mais de uma ocasião, durante o momento de debate, um dos meninos levantava a mão e soltava uma pergunta, ou até mesmo dava uma resposta a uma pergunta que tinha acabado de ser feita.

Ao verem sua mãe e seu pai debruçados sobre as Escrituras na companhia de um estudante ou de um jovem casal fazia, seria natural que nossos filhos recebessem o mesmo tipo de atenção. Assim, houve vezes em que ficamos ao redor da mesa de jantar e, em família, líamos e discutíamos algo da Bíblia. Eu costumava trazer à mesa o livro que estava lendo no momento. Lia um ou dois parágrafos e fazia algumas perguntas, para ver a sua reação. Muitas vezes, cheguei em casa, entrei na cozinha e testemunhei um dos meninos em conversas profundas com a mãe. Eu os cumprimentava brevemente e logo saía de cena, para não interromper o que estava acontecendo.

Nos anos seguintes, incentivamos uma geração de famílias a educarem seus filhos na fé dentro do ambiente familiar. Crianças que cresceram vendo seus pais se encontrarem com amigos na sala de estar para estudos bíblicos, oração e o compartilhar de experiências de vida. Aquele mesmo grupo se encontrava com amigos do bairro e colegas de trabalho, para assistir à seleção brasileira de futebol na Copa do Mundo, fazer um churrasco ou apenas se divertir juntos.

Para mim, ao pensar sobre o que o apóstolo Paulo diz em 1 Timóteo 3 sobre liderança, parecia significativo naquele momento o fato de fazer referências específicas ao ambiente familiar. O bispo, no versículo 4: "Ele deve governar bem sua própria família, tendo os filhos sujeitos a ele, com toda a dignidade." O diácono, no versículo 21: "O diácono deve ser marido de uma só mulher e governar bem seus filhos e sua própria casa." E, no versículo 5, Paulo pergunta: "Pois, se alguém não sabe governar sua própria família, como poderá cuidar da igreja de Deus?"

O círculo familiar naquela época quase sempre abrangia a família estendida – tios, tias, avós – e os empregados e seus filhos. A boa gestão daquele ambiente era o critério para fazerem de sua casa um local de encontro para outros cristãos, que chamavam de igreja.

Preparar a nova liderança no Brasil não significava que precisavam de MBAs ou da capacidade de conduzir grandes empresas. Mas era muito importante que tivessem aprendido a cuidar uns dos outros como maridos e mulheres, e de seus filhos como pais e mães.

Em nossa coleção de fotos preto e branco daqueles encontros em nossa casa e nas casas de nossos amigos brasileiros, não é incomum ver nossos meninos misturados à multidão, um bebê nos braços, ou uma criança espiando por entre as pernas de alguém. Não seria de se admirar, portanto, que a ideia de compartilhar a fé se tornasse parte da vida, tão natural quanto festas de aniversário, arroz e feijão, e um cafezinho.

Estávamos confiantes de que esse tipo de movimento de fato funcionaria não só no Rio mas também em qualquer lugar do mundo, em que as pessoas tivessem uma sede profunda de significado na vida, mas não estivessem mais buscando respostas em instituições religiosas.

26

A Figura na Caixa do Quebra-Cabeça

Era época de Natal, em 1997. Nossa casa em Mercer Island, Washington, estava lotada. Com mesas dobráveis e placas de compensado, Carol estendeu nossa mesa de jantar na sala de estar e conseguiu criar lugares para todos os vinte que éramos. Na cozinha barulhenta e cheia, fui me esgueirando até a Carol, e lhe perguntei se havia algo que eu pudesse fazer para ajudar. O encontro tinha tomado uma proporção surpreendente.

Ela me mostrou sua lista com as vinte pessoas que se sentariam ao redor da mesa. Eram Kent e Carin, sua esposa brasileira; Daniel e Myrna, sua esposa argentina; Brian e Annette, sua esposa americana; e nossos netos—cinco, na época. Também estavam presentes Evilásio e Marilene Gioppo, da equipe brasileira dos Navegadores, passando um tempo nos Estados Unidos com seus três filhos adolescentes, que iam à escola em Mercer Island. E também tinham vindo os pais de Myrna, Nelson e Chela Iperico, de sua cidade natal de Belleville, no interior da Argentina.

Carol piscou para mim, e disse, "Veja se você consegue montar um esquema para que cada um dos nossos convidados se sente ao lado de alguém que fala a mesma língua."

Peguei a lista e acrescentei o idioma que cada um falava. Eis o meu desafio: As pessoas falavam inglês, português, espanhol, alemão, e francês — com diferentes níveis de fluência, ou apenas uma língua.

Não foi fácil, mas acabei conseguindo fazer com que cada pessoa se sentasse ao lado de alguém que falasse seu idioma. E não faltou conversa durante aquela refeição maravilhosa, mesmo que, em geral, três línguas estivessem sendo faladas ao mesmo tempo.

Após a sobremesa e o café, montamos uma mesa no meio da sala. Abrimos um quebra-cabeça gigante e derramamos as peças sobre a mesa. As horas seguintes me marcaram de modo profundo e duradouro. Depois de estudar a figura na caixa do quebra-cabeça, os convidados passaram a separar as peças pela cor, quase sem trocar palavras. Algumas peças foram colocadas numa mesa próxima, o que dividiu o grupo em dois.

Ao longo da tarde, as pessoas entravam e saíam da sala, parando para observar o avanço do quebra-cabeça ou para ajudar a achar uma peça necessária. Eu observava, fascinado, o pequeno Gabriel de sete anos, que trabalhava em silêncio ao lado do pai de Myrna, Nelson, de sessenta e três anos. Trocavam olhares, gestos e acenos para se comunicar. Os três adolescentes brasileiros tagarelavam, numa mistura de português e inglês, enquanto trabalhavam sem parar ao lado de Brian e Annette.

Mas o que ocorria o tempo todo é que o grupo poliglota de montadores do quebra-cabeça interrompia o seu trabalho para olhar para a figura na caixa. Às vezes, era apenas um olhar rápido, de relance. Outras vezes, era uma verdadeira análise, enquanto seguravam uma peça na mão, na tentativa de achar o lugar em que se encaixaria na figura maior. Várias vezes, três ou quatro pessoas paravam, prestavam atenção à figura e discutiam o que iriam fazer.

As diferenças de idade, nacionalidade e idioma não impediram que trabalhassem juntos na tarefa comum, desde que guiados pela figura na caixa. A visão da figura completa era fundamental, uma necessidade absoluta. E sempre voltavam a ela.

A experiência naquela tarde em nossa sala de estar me ajudou a compreender o que tinha acontecido em nossos últimos anos no Brasil. Em meados dos anos de 1980, eu passava cada vez mais tempo mostrando às pessoas a figura na caixa. A figura, é claro, era o reino de Deus.

Com interesse especial, observei a descrição da atividade de Paulo em Atos 28: 30-31: "Por dois anos inteiros Paulo permaneceu na casa que havia alugado, e recebia a todos que iam vê-lo. Pregava o reino de Deus e ensinava a respeito do Senhor Jesus Cristo, abertamente e sem impedimento algum."

Eu não estava em prisão domiciliar, como Paulo. Mas parecia que, enquanto a natureza da minha contribuição ao trabalho tinha se tornado mais limitada, o âmbito da atividade tinha se expandido. A descrição do trabalho de Paulo em Atos 28 foi um sinal para que eu aproveitasse cada oportunidade de falar sobre a pessoa de Cristo e seu reino.

Com a experiência em nossa sala de estar, percebi que eu vinha empunhando a imagem na caixa do quebra-cabeça, o reino de Deus, para mostrar a todos o modo como as peças se encaixavam na figura total do plano e propósitos de Deus e, mais especificamente, como cada um era parte daquela imagem.

Fosse uma reunião de pessoas numa sala de estar, um grupo célula como o cinco As, ou um encontro individual com alguém, o que fazíamos era ler e discutir passagens do Novo Testamento que começassem com a frase "O reino de Deus é como . . ." Então eu fazia perguntas do tipo, "O que dizem esses versículos sobre o modo de pensar e agir de um cidadão do reino?" "Que valores próprios do reino são retratados aqui?" "Como esta peça se encaixa junto às outras?"

Para ilustrar a necessidade da visão total, criei uma história de turistas brasileiros que viajam aos Estados Unidos e visitam apenas a Disney World. Estiveram na Flórida, mas nunca viram os Everglades ou visitaram Key West. Não tinham interesse em visitar Washington, DC, ou ver o Grand Canyon, ou cruzar a ponte Golden Gate. Suas fotos e cartões postais mostram mais o Mickey, o Pato Donald e a piscina do hotel.

Essa história sempre rendia boas risadas, mas era de um realismo doloroso. As agências de turismo no Brasil vendiam muitos pacotes com excursões aos Estados Unidos, que consistiam em ida e volta a Orlando, uma viagem de ônibus a um hotel perto da Disney World e, poucos dias mais tarde, uma viagem de volta ao Aeroporto.

Quando Jesus nos conta uma história após a outra sobre o reino, é como se estivesse mostrando fotos e cartões postais da singularidade e diversidade do seu reino. E, como peças de um quebra-cabeça, precisam ser reunidos para serem compreendidos, a partir da visão completa.

Muitas vezes, tal como meus turistas brasileiros imaginários, tendemos a nos fixar em uma ou duas fotos de algo, como nossa igreja local ou como alguma questão doutrinária específica, e perdemos a visão panorâmica, o reino de Deus.

Minha preocupação, tanto na época quanto hoje, é que o movimento no Brasil perdesse impulso depois da primeira ou segunda geração. Assim, durante aqueles últimos anos, tentei manter o foco na figura final.

Como a noite que Carol e eu passamos no Rio de Janeiro. Viajamos até lá para visitar Miguel e Claudete, que tinham participado do grupo cinco As antes de se mudarem para o Rio para abrir uma empresa. Agora, conduziam seu próprio grupo, formado por cinco casais. Quatro casais eram cristãos novos, e o quinto era recém-chegado ao grupo, ainda em processo de descoberta. A sala de estar do apartamento de alto padrão estava lotada, e acabei me sentando no chão, para abrir a discussão sobre casamento na cultura do reino.

De repente, depois de cerca de uma hora, o jovem sentado ao meu lado interrompeu, dizendo "Certo, é isso aí. Não precisa dizer mais nada. Já ouvi tudo o que precisava esta noite." A princípio, pensei que estivesse irritado mas, então, percebi que estava, na verdade, animado com o que tinha aprendido, e foi o que declarou. Vinte e quatro horas depois, ele e sua esposa estavam de volta, prontos para mais uma rodada.

Também fizemos uma série de encontros para casais que lideravam grupos célula em suas respectivas cidades. Os planos que eu preparava para aqueles eventos sempre incluíam um momento específico para ouvir o que o pessoal estava enfrentando com seus grupos. Eu queria ter certeza de que estávamos abordando todas as suas questões ligadas a carreira, casamento e filhos. E também queria que soubessem que não estavam sós, e que outros lidavam com os mesmos desafios.

Também mergulhávamos nas Escrituras para entender o alcance do evangelho e observar o papel das famílias em relação a Mateus 28:18-20. Os ambientes familiares eram a fundação, a base da construção em cada cidade. Do mesmo modo, eu estava convencido de que o sucesso ou fracasso deste movimento no Brasil estava ligado às famílias. Se os filhos não estivessem imersos em um estilo de vida voltado ao reino, o movimento não passaria de um fenômeno passageiro, que afetaria apenas uma geração.

Um dos modos pelos quais observei a cultura do reino perpassando as gerações foi quando os estudantes passaram a viver e compartilhar sua fé com seus pais. Em nossos últimos anos no Brasil, vivemos uma experiência única, que se originou no trabalho feito com estudantes em Curitiba por Dan e Suzanne Greene.

Daniel e Suzanne Greene chegaram ao Brasil em meados dos anos de 1970, para integrar a equipe brasileira dos Navegadores. Trouxeram um novo ar ao trabalho em Curitiba. Nossos três filhos — Kent, Daniel e Brian — estavam envolvidos, e levavam seus amigos aos estudos abertos e festas na casa de Dan e Suzanne. Os estudantes acabaram se reunindo regularmente nas tardes de domingo, para leitura e discussão abertas e informais da Bíblia.

Durante uma das festas em nossa casa, tive uma conversa com uma amiga de Brian, Janete Andrade. Ela levantou um problema que vivia, junto com outros do grupo. "Meus pais e os pais de outros no grupo estão muito curiosos, e até preocupados, quanto às nossas discussões sobre a Bíblia. Eles sabem que há americanos na história, o que aumenta suas incertezas."

"O que você acha que devemos fazer?" perguntei. Eu conhecia Janete, e tinha certeza de que ela já tinha um plano em mente. De fato, ela tinha.

"Todos nós no grupo poderíamos convidar nossos pais para um churrasco de domingo. Poderia ser lá em casa. Assim, você e Carol como pais podem descrever exatamente o que fazemos em nossas discussões e responder as perguntas que surgirem."

Os pais de Janete, Benedito e Narita Andrade, moravam ao lado de seus avós, os Stocco. Dividiam um grande quintal, com uma área agradável para piquenique, e concordaram em receber o evento. A idéia foi apresentada ao grupo, e todos contribuíram para que se realizasse.

O clima cooperou e, numa linda e ensolarada manhã de domingo, as pessoas foram chegando. A maior parte não se conhecia, o que gerou certo desconforto, a princípio. Mas assim que a linguicinha grelhada começou a circular, as conversas se intensificaram. A expressão que tanto ouvíamos, "os brasileiros sabem se diverter," se comprovava novamente.

Entre os presentes estava Vanessa, uma garota que nosso filho, Kent, namorava na época. Ela nos apresentou a seus pais, Gildardo e Ottília Tomich. Gildardo e eu nos sentamos lado e lado, na sala de estar lotada da família Stocco, enquanto bebíamos nosso cafezinho depois do almoço. Tínhamos descoberto alguns interesses comuns nos livros que gostávamos de ler e logo nos tornaríamos grandes amigos.

Como anfitriã do evento, Janete pediu silêncio ao grupo que lotava a sala de estar, e lhes apresentou Carol e eu. Ao me levantar para falar, percebi que o papa me espiava. A família da Janete era de católicos devotos, e havia um grande retrato do Papa João Paulo II na parede atrás de mim. Pensei comigo, *Cuidado com o que fala, Ken. O papa está de olho.*

Eu não precisava ter me preocupado. Os estudantes tinham orado por este encontro, e a atmosfera era acolhedora. Descrevi brevemente o que viemos fazer no Brasil, e enfatizei o processo de familiaridade pessoal com a Bíblia, em vez da conversão a uma nova religião. Acabei falando sobre a figura histórica de Cristo e seu reino.

Então, como os estudantes tinham sugerido, encerrei com um convite: "Se vocês estiverem interessados em saber o que seus filhos fazem nos estudos bíblicos, faremos o mesmo daqui a duas semanas, em nossa casa. Mas, dessa vez, será só para nós, os pais. Vamos apreciar uma boa comida, uma sobremesa e um café, e depois abrir juntos a Bíblia, e ler o primeiro capítulo do evangelho de São João. Então confirmem se gostariam de participar."

Ao me oferecer para responder perguntas, o silêncio momentâneo foi quebrado por um amigo de Brian e Janete, um membro do grupo musical em que os três tocavam. O rapaz tinha estudado em seminário católico na Europa e, por conversas anteriores, eu sabia que se tratava de uma pessoa profunda. Fez uma longa introdução à sua pergunta, carregada de terminologia teológica. Fiz um esforço para acompanhar sua linha de pensamento. Concluiu, dizendo, "Se entendi o que você disse, seu interesse não é promover o cristianismo histórico, mas levar jovens a descobrir a pessoa de Jesus Cristo e seu reino. É isso?"

Aliviado, confirmei. "Sim, é exatamente isso."

Duas semanas mais tarde, quase todos os pais apareceram ao que seria o primeiro dos encontros quinzenais de um grupo que prosseguiu por muitos anos. Inicialmente, como era de se esperar, havia alguma timidez durante as discussões. Eram pessoas da nossa faixa etária, que cresceram na igreja católica, com pouco ou nenhum contato com as Escrituras. Aos poucos, foram percebendo que os demais ali no grupo também tinham um conhecimento bíblico limitado, e perderam o medo de fazer perguntas.

Um desses momentos marcantes ocorreu em nosso segundo encontro. Estávamos chegando na segunda metade de João 1. Pedi a um dos homens que lesse os versículos 29 a 34. Como militar reformado, levantou-se da cadeira e se colocou em posição de sentido, como se estivesse lendo as ordens do dia para seus soldados, e começou a ler. "No dia seguinte, João viu Jesus se aproximar e disse: 'Vejam! É o Cordeiro de Deus, que tira o pecado do mundo!'"

Quando terminou a frase, parou. Continuou de pé, em silêncio, olhando para a Bíblia que tinha nas mãos. Então olhou para cima e exclamou. "Então é daí que vem." Ele se referia à frase usada na Missa, "Cordeiro de Deus, que tirai os pecados do mundo, tende piedade de nós."

Olhou novamente para a Bíblia aberta. Observei seus lábios que, em silêncio, reliam as palavras, "Cordeiro de Deus, que tirai os pecados do mundo." O que ele disse a seguir me deixou com lágrimas nos olhos.

Olhando para os demais ao redor na sala, falou quase num sussurro, maravilhado com o que tinha acabado de descobrir, "Então Jesus é o Cordeiro de Deus."

Os anos seguintes, com os pais dos amigos e colegas de nossos filhos, foram um dos principais destaques do nosso tempo no Brasil. Foi a primeira e única vez que pudemos desenvolver amizades com pessoas de nossa faixa etária.

Além disso, foi uma oportunidade de ver a manifestação das boas novas do reino "de baixo para cima." O oposto costuma ser mais comum: O evangelho costuma se manifestar "de cima para baixo," dos pais para os filhos. É mais raro que o poder da mensagem do reino flua de baixo para cima, dos filhos para os pais, mas é o que pode acontecer quando a cultura do reino é primeiro vivida, e depois proclamada. Ignorar sua vivência e começar a pregar é receita certa para estragar relações familiares.

Manter a figura da caixa do quebra-cabeça — o reino de Deus — sempre à mão e em foco, não é uma opção, é uma necessidade absoluta.

27

Estudando as Opções

Era uma fria manhã de inverno, em junho. Acordei com o som abafado de conversas na cozinha, onde Carol preparava o café da manhã para Dan e Brian. Decidido a aproveitar mais alguns minutos embaixo das cobertas, eu estava voltando a dormir quando ouvi alguém bater na porta do quarto.

Carol entrou, alegre. "Acorde, aniversariante, você tem visita."

Atrás dela, carregando uma bandeja com duas canecas de café com leite quente, estava Aldo. "Bom dia, amigo! Feliz aniversário."

Ele tinha viajado dez horas de ônibus durante a noite para passar o dia conosco e celebrar o meu aniversário de cinquenta anos. Enquanto bebíamos o café, ele me entregou um pacote de Jim Petersen. Era uma camiseta com a frase "fifty and still nifty" ("cinquentão, mas inteirão") estampada na frente. A camiseta tinha sido presenteada a Jim alguns anos antes; agora era minha, pois alguns anos atrás eu a tinha dado a Aldo. Uma lembrança bem intencionada, ainda que não muito sutil, de que não estávamos ficando mais jovens.

Aldo e eu passamos o dia juntos e, mais tarde, ele pegou um ônibus leito de volta para casa. Foi um presente inesquecível de aniversário, um gesto único e profundo de amizade.

Durante aquele dia que passamos juntos, Aldo falou com Carol e comigo sobre o assunto que tinha se tornado prioridade em nossas conversas. Tínhamos voltado ao Brasil no fim de 1983, após uma estadia prolongada nos Estados Unidos. E achar a melhor maneira de se encaixar de volta no trabalho estava mais difícil do que antes. A maturidade e profundidade espirituais de nossos amigos brasileiros eram o motivo desse agradável dilema. Não havia lacunas imediatas ou urgentes que precisássemos preencher. A palavra que emergia com frequência nas conversas para descrever o que eu sentia era "redundante."

Embora animado com as oportunidades descritas no capítulo anterior, eu tinha perguntas sem resposta sobre o futuro. Algumas mudanças estavam para acontecer, às quais nos referíamos brincando como o nosso "jogo das cadeiras."

Jim estava escalado para voltar para os Estados Unidos e assumir uma função no escritório internacional dos Navegadores. Estava transferindo ao Aldo suas responsabilidades pela América Latina. Mario Nitsche assumiria a "cadeira vaga" de Aldo na liderança da equipe brasileira.

Uma implicação dessa transição é que tinha chegado a hora de eu vagar minha "cadeira," mesmo que não tivesse outra função além de veterano pioneiro. Naquelas conversas no meu aniversário, entramos nos detalhes do que pareciam ser as duas opções disponíveis.

A primeira seria juntar-me ao Aldo, e começar a me familiarizar com os trabalhos dos Navegadores na Argentina, Chile, Venezuela, Costa Rica e México. Eu teria que viajar muito e me tornar fluente em espanhol. A segunda opção seria me mudar para outra cidade grande do Brasil e ajudar a abrir um novo trabalho.

Ao longo dos dois anos seguintes, experimentamos as duas opções. Carol e eu fizemos uma viagem de duas semanas para estar com a equipe dos Navegadores na Argentina. Visitamos cada casal para conhecer melhor as famílias, e algumas das pessoas envolvidas no trabalho. Depois de tantos anos sozinhos no Brasil, enquanto nossos filhos estavam em idade escolar, sabíamos o quanto poderia ser solitário. Portanto, procuramos conhecer cada um dos filhos, fizemos muitas perguntas, e os encorajamos em aspectos específicos de seus casamentos e maneiras de educar os filhos.

Gostei demais de viajar com Carol. Já tínhamos estado na Argentina em visitas anteriores e conhecíamos essas famílias, mas meu aprendizado foi surpreendentemente maior ao vê-la fazer perguntas e descobertas que tinham passado completamente despercebidas para mim. Ficou óbvio que minha eficiência seria gravemente limitada, se eu tivesse que fazer aquele tipo de viagem sozinho.

Antes de voltar ao Brasil, passamos vários dias por conta própria em Buenos Aires. Adoramos a cidade, que é chamada a Paris da América do Sul. Perambulamos pelas ruas na vizinhança do hotel, almoçamos em cafés ao ar livre, experimentamos um agradável café da tarde no Café Richmond, na Calle Florida, e um jantar numa tradicional churrascaria argentina. Com isso, tivemos tempo de conversar sobre o que vivemos nos dias anteriores. Não tínhamos a menor dúvida sobre o valor desse tipo de visita, mas tínhamos grandes incertezas sobre a nossa aptidão para esse esquema de viagens contínuas.

Também viajei um pouco com Aldo. Fizemos uma visita de dez dias à Costa Rica, a convite da equipe local dos Navegadores. Estavam com um número crescente de formandos na universidade, e queriam conhecer nossa experiência no Brasil.

Era fácil viajar com Aldo. Fluente em quatro idiomas — português, espanhol, inglês e alemão — ele resolvia a comunicação nos balcões de check-in, de passaporte, de alfândega e imigração. Trabalhávamos bem juntos, e sempre acabávamos completando as frases um do outro por diversão.

Os dias na Costa Rica me mostraram uma prévia do que viria. Aldo logo passou ao espanhol, muito animado e seguro. Antes da viagem, eu tinha contratado um professor para aprender vocabulário e verbos indispensáveis em espanhol. Espanhol e português são parecidos; em alguns casos, o vocabulário é idêntico, mas nem sempre têm o mesmo significado. Então, era como se eu estivesse andando por um campo minado verbal, ciente de que poderia estar usando uma palavra de alto risco, que causaria confusão ou constrangimento. Minhas notas sobre essa viagem registram um exemplo.

Estávamos hospedados na casa de Jorge e Zayra Davila, membros dos Navegadores da Costa Rica. Na primeira manhã, entrei na cozinha e perguntei à Zayra no meu melhor espanhol, "Tem água no banheiro?" Jorge tinha nos falado na noite anterior sobre a falta de água na região, e que na hora de dormir não tinha água no banheiro. Ela respondeu, "Não, você pode entrar."

Eu estava desperto o suficiente para saber que não tinha conseguido me comunicar, mas compreendi sua resposta. Não havia ninguém no banheiro. Eu podia usá-lo. Ótima maneira de começar o dia.

Apesar dos meus esforços na preparação, era muito difícil acompanhar e contribuir com as conversas na Costa Rica. Aldo e eu discutíamos a possibilidade de Carol e eu precisarmos passar três a seis meses em um lugar como San José, Costa Rica ou Guadalajara, México, imersos em situações que nos permitissem aprender o idioma. Ainda que fosse o mais lógico a fazer, a idéia não entusiasmou muito, nem a mim nem à Carol. O comentário dela foi, "Depois de todos esses anos, acho que ainda tenho dificuldades em entender e ser entendida em português. Como posso começar a usar outro idioma?"

A outra opção era mudarmos para outra metrópole brasileira e ajudar a inaugurar um novo trabalho. Parte desse plano já estava em andamento, porque Evilásio e Mari Gioppo tinham se mudado de São Paulo para Recife, a quinta maior cidade do Brasil. Situada no litoral nordestino logo ao sul do equador, as temperaturas raramente ficam abaixo de vinte e quatro graus ou acima de trinta graus o ano inteiro.

Em resposta ao seu convite, Carol e eu voamos para Recife, para passar uma semana com Evilásio e Mari. Logo compreendemos a razão de estarem sofrendo com uma forma branda de choque cultural, mesmo que estivessem em seu próprio país. Para início de conversa, as temperaturas no sul do Brasil onde tinham crescido variavam de quarenta graus no alto verão a temperaturas abaixo de zero no inverno.

A casa alugada em que moravam tinha uma varanda de frente para a rua. Sua mesa de jantar e alguns dos móveis da sala de estar ficavam ao ar livre, nessa varanda. Passamos a maior parte do tempo na varanda, e entrávamos apenas para preparar as refeições, usar o banheiro e dormir.

No fim da tarde daquele nosso primeiro dia de visita, vestimos nossos trajes de banho e andamos umas quatro ou cinco quadras até a praia. Ao cruzarmos várias ruas cheias, ouvimos assobios e comentários não muito educados sobre nossa pele branca, numa região onde o bronzeado constante é a regra. Ao chegarmos à praia de areia alva, Evilásio nos levou a um vendedor de coco. Logo que nos viu, o vendedor tirou um coco verde de um tanque de água gelada. Equilibrando-o em uma mão, e com um facão na outra, tirou a tampa com poucos e precisos cortes. Colocou um canudo e ofereceu a cada um de nós uma daquelas "bebidas geladas." Delicioso!

Depois de nadarmos no mar de águas mornas, voltamos para casa para tomar uma ducha e preparar o jantar. Já passava das nove da noite quando nos reunimos ao redor da mesa, aproveitando a brisa que vinha do mar para refrescar um pouco.

Passamos os próximos dias conversando com Evilásio e Mari sobre a adaptação ao novo estilo de vida no cenário tropical. Visitamos o campus da universidade, onde ele já vinha se encontrando com estudantes para ler a Bíblia. A área central de Recife também é chamada Veneza brasileira, pelas muitas pontes, rios, canais e mangues que cortam a cidade. Andamos por aquelas ruas cheias de gente e oramos pelas pessoas que Deus queria chamar para si.

A cada dia eu ficava mais animado com a possibilidade de nos juntarmos aos Gioppo. Deixaríamos que assumissem a liderança, e trabalharíamos numa função de apoio. Mas, Carol, nascida e criada em Minnesota, desanimava com o calor e a umidade constantes.

Assim como fizemos em Buenos Aires, após encerrarmos nossa visita a Evilásio e Mari, fomos a um hotel na longa praia de Boa Viagem. Nosso quarto tinha vista para o mar e, quando fomos dormir na primeira noite, deixamos abertas as cortinas e a porta da sacada, para ouvir o murmúrio das ondas. Ao redor das três da manhã, acordei de repente e vi nosso quarto iluminado com um estranho brilho alaranjado. Depois de alguns minutos, percebi que era apenas o sol, que nascia no horizonte. A leste, apenas quilômetros de mar, e nenhum obstáculo, nem mesmo as pesadas cortinas do nosso quarto de hotel, para bloqueá-lo. Na noite seguinte, fizemos questão de fechar bem as cortinas, antes de cair no sono.

Nos dois dias seguintes, passeamos pelas ruas e lojas perto do hotel, vagamos pela praia, tomamos água de coco, e contratamos um pescador para nos levar num passeio nos recifes, em sua jangada.

Mas, mesmo que apreciássemos a beleza de Recife, começamos a compartilhar um com o outro nossas dúvidas sobre a decisão de se mudar para ali. Estávamos naquela fase da vida que se costuma chamar de "ninho vazio," pois nossos filhos já tinham vida própria. Tínhamos passado os quatorze anos anteriores trabalhando com famílias e profissionais, e a ideia de retomar a cultura estudantil nos soava muito intimidadora.

Em meados de 1986, tínhamos ponderado todas essas experiências e repassado as conversas relevantes inúmeras vezes. Voltávamos sempre à mesma conclusão: Tínhamos dado nossa contribuição no Brasil.

Carol usou duas analogias úteis para descrever o que acontecia. Primeiro, ela nos descreveu como os andaimes montados durante uma construção. Assim que a obra está pronta, eles devem ser retirados. Depois, comparou-nos a uma família em que, quando os filhos ficam adultos, são os pais que saem de casa. No cerne do trabalho missionário estrangeiro há o conceito de que os missionários devem, a certa altura, sair de cena. É o que acontecia conosco. Era hora de se mudar.

Mas, para onde? Essa era a pergunta que ecoava em nossas mentes.

Tive uma conversa com Aldo. Comentei que talvez fosse hora de voltarmos para os Estados Unidos. Sua resposta foi imediata, definitiva e precisa: "Você não pode pensar em termos de voltar para os Estados Unidos. A Grande Comissão não fala nada sobre voltar, apenas sobre ir. Da mesma forma como você deixou os Estados Unidos para ir ao Brasil, agora deveria deixar o Brasil e ir para os Estados Unidos."

Na mesma época, recebi uma carta de Bob Sheffield que, naquele momento, era diretor da divisão oeste dos Estados Unidos para os Navegadores. Ele tinha acabado de voltar de uma viagem à África e sentiu que Deus o levava a me escrever.

> Não sei se você tem planos de longo prazo neste momento, mas eu queria que soubesse que adoraríamos tê-lo na Divisão Oeste. Os planos para o futuro pedem o desenvolvimento de trabalhos voltados especialmente aos secularizados, e acho que você tem muito a contribuir com nossa preparação. Basicamente, você poderia morar onde quisesse, e fazer parte da rede de pessoas que têm este trabalho no coração.

Aquela carta, juntamente com outras que troquei com Jim Petersen, colocou em marcha uma série de acontecimentos. Em função do significado e do alcance das implicações dessa decisão que tínhamos diante de nós, viajei aos Estados Unidos para me encontrar com a liderança dos Navegadores em Colorado Springs. O resultado foi uma reunião com o Diretor para os Estados Unidos Terry Taylor, Bob Sheffield e Jim Petersen. No início da discussão naquela manhã, os três riam com o fato de que, provavelmente, era a primeira vez no ano em que estavam na cidade no mesmo dia. Para mim, era mais uma indicação de que as peças estavam se encaixando. A reunião terminou com o consenso de que deveríamos ser realocados do Brasil para uma cidade nos Estados Unidos, a ser definida.

O próximo passo era uma visita a Seattle e vários dias de encontros com a liderança local dos Navegadores, e com nossos amigos da Mercer Island Covenant Church. Voei de Seattle alguns dias depois com a forte impressão de que aquela era a cidade.

O voo de Seattle tinha conexão no aeroporto JFK com um voo para o Aeroporto Internacional de Ezeiza em Buenos Aires, onde me reuni com Aldo e outros líderes dos Navegadores da América Latina. Foi uma oportunidade de analisar o processo de tomada de decisão com aqueles homens, e ouvir seus conselhos e orientações. Alguns dias depois, começava o último trecho da minha jornada de volta a Curitiba e a parte final do processo.

Ao sairmos do hotel no dia seguinte de volta para casa, a decisão estava "tomada mas não tomada." Sempre que tínhamos diante de nós uma decisão importante, Carol e eu adotávamos um procedimento que também aplicamos desta vez. "Tomávamos" a decisão, com a condição de que fosse provisória, por alguns dias ou semanas. Assim, teríamos tempo de "experimentar" as conseqüências e resultados. Se, ao fim daquele período, estivéssemos em paz, então tomávamos a decisão definitiva, e a tornávamos pública e concreta.

Neste caso, nos comunicamos primeiro com nossos três filhos, que estavam cientes do que se passava. O mais difícil foi dizer aos nossos amigos brasileiros que estávamos deixando o Brasil e nos mudando para Seattle. Escrevi em uma carta a um amigo íntimo nos Estados Unidos, "Por mais que a idéia de 'ir' seja animadora, ao pensarmos e falarmos sobre a idéia de 'partir' sentimos um nó na garganta."

28

Deixando a Multidão Para Trás

O Natal de 1986 foi uma ocasião inesquecível. Era nosso último Natal juntos como família no Brasil. Kent tinha se formado na Universidade de Washington em ciência da computação. Estava de volta a Curitiba, e trabalhava em uma empresa local de serviços de computação. Dan voou de Minneapolis, onde estava adiantado em seu doutorado em física na Universidade de Minnesota. Brian chegou de um conservatório de música da Basileia, na Suíça, trazendo todos os ingredientes para o nosso fondue de queijo de Natal.

Os meninos passaram horas durante o feriado separando seus livros, papeis e pertences para a mudança. A casa tinha sido posta à venda e não atraiu quase nenhum comprador. Então, no fim de dezembro, uma mulher apareceu, andou pela casa e, em cinco minutos, fez uma oferta. "Se vocês deixarem a luminária na sala de jantar e os vasos de gerânio que pendem para fora da janela da cozinha, pagarei o preço que pedem ... e poderão ficar na casa até saírem do país."

Os meses seguintes passaram voando. Negociamos com uma empresa de mudanças internacionais e tivemos que decidir o que levaríamos e o que ficaria. Depois de uma semana da tarefa entediante de selecionar coisas, Carol passou a fazer uma oração todas as manhãs: "Senhor, me ajude a tomar boas decisões hoje. E a tomá-las uma vez só." Se você já se mudou depois de morar em algum lugar por muitos anos, entende o significado da oração dela.

Queríamos levar algumas peças de mobília para o convívio com a família no futuro. Um conjunto de jantar em cerejeira, as mesas laterais e de centro com tampo em mármore e, é claro, a escrivaninha grande e feia, com tampa de deslizar.

Durante todos aqueles anos no Brasil, fiz cópias em carbono da maioria das cartas que escrevi a familiares, amigos e colegas dos Navegadores. Todo ano, eu pegava aquela pilha de correspondência e a colocava em um grande envelope, escrevia a data nele, e enfiava numa caixa. As caixas ficavam guardadas em uma estante empoeirada na nossa garagem, e seu conteúdo trouxe muito dos detalhes necessários a este livro.

A apenas dez dias da nossa partida, postei a seguinte carta manuscrita à minha mãe:

Curitiba, 6 de abril de 1987.

Querida mãe,

Há uma semana, no sábado, 20 de março, entregamos as chaves de nossa casa. Foi, ao mesmo tempo, um momento triste e de alívio. Naquela noite, houve um grande jantar em um hotel em nossa homenagem. Devem ter participado mais de 100 pessoas de

Curitiba, São Paulo, Campinas, Florianópolis, Porto Alegre, Joinville e alguns outros lugares. Foi um evento e tanto. Presentearam Carol com uma linda gargantilha de ouro. E, para nós dois, uma grande pintura, feita pelo artista especialmente para nós, com uma cena de rua do centro da cidade em Curitiba. Vai ser uma recordação especial, ao olharmos para ela em nossa nova casa de Seattle.

Houve também um domingão, aquela grande reunião de domingo. Em vez da mensagem da Bíblia, várias pessoas se prepararam para falar brevemente sobre seu envolvimento conosco e com a nossa família. Aldo resumiu tudo ao comentar que o que foi realizado foi pela graça de Deus, não pela força humana. Falou sobre as visitas que fez às nossas casas e famílias nos Estados Unidos. 'Ken e Carol vêm de famílias simples e comuns. São como nós. Não vieram ao Brasil com nenhum equipamento especial. Assim como Deus os usou, pode e vai usar qualquer um de nós.'

Depois da reunião, houve um grande churrasco. Mais de 200 pessoas. Serviram 85 quilos e a carne acabou! Eram as pessoas do jantar de sábado à noite, e muitas outras com filhos. Mal conseguimos comer. Todos queriam conversar. E todos queriam se despedir. Essa foi a parte difícil.

Na tarde de quinta-feira, 16 de abril de 1987, embarcamos em um avião 747 da Varig para Nova York. E, pela segunda vez em nossas vidas, estávamos deixando a multidão para trás.

Esta multidão, com poucas exceções, era formada por uma primeira geração de seguidores de Jesus. Eram pioneiros espirituais, que abririam caminhos na cultura brasileira para o evangelho. Seus filhos cresciam segundo uma visão de mundo cujo centro era Deus.

Tal como a história em Marcos 5, essas eram pessoas que tiveram suas vidas tocadas e transformadas por Jesus, e se comprometeram com sua ordem de dizer às suas famílias e amigos "quanto o Senhor fez por você e como teve misericórdia de você" (versículo 19).

Pudemos deixar esses amigos tão especiais para trás com a mesma confiança expressa pelo apóstolo Paulo: "Estou convencido de que aquele que começou boa obra em vocês, vai completá-la até o dia de Jesus Cristo" (Filipenses 1:6).

Apêndice A

Estudo Bíblico: *Allelon*

Há uma palavra grega (*allelon*) no Novo Testamento que, quando traduzida, significa "um ao outro." É usada com freqüências nas epístolas para expressar as atividades e os relacionamentos entre os seguidores de Jesus do primeiro século. Preparamos uma lista de quarenta e oito passagens em que aparece a expressão "um ao outro." Quando combinadas, formam um mosaico da vida em Cristo.

Ao estudar cada passagem, você vai notar que há repetições, como "amem-se uns aos outros." Também verá que é possível organizá-las em grupos que representam atividades ou relacionamentos parecidos. Reúna alguns amigos com quem você possa fazer este estudo, e tirem suas conclusões, juntos.

- Marcos 9:50
- João 13:14, 34-35; 15:5, 7, 12, 14, 17; 16:16
- Romanos 12:5, 10, 16; 13:8; 14:13, 19; 15:5, 7, 14; 16:16
- 1 Coríntios 12:25; 16:20
- 2 Coríntios 13:12
- Gálatas 5:13, 26; 6:2
- Efésios 4:2, 25, 32; 5:21
- Filipenses 2:3
- Colossenses 3:9

- 1 Tessalonicenses 3:12; 4:9,18; 5:11
- 2 Tessalonicenses 1:3
- Hebreus 3:13; 10:24
- Tiago 4:11; 5:9, 16
- 1 Peter 1:22; 4:9; 5:5, 14
- I John 1:7; 3:11, 23; 4:7, 11, 12
- II John 5

Apêndice B

Seis Fatores Cruciais à Multiplicação de um Ministério

por Jim Petersen

A esta altura, já deve ter ficado óbvio ao leitor que Ken e eu não chegamos ao Brasil com um conjunto de planos pré-concebidos. Pelo contrário! Tudo o que tínhamos era uma única e ampla noção de direção, que ganhamos em nossa preparação e experiência com os Navegadores. Nosso objetivo era criar uma geração de pessoas com maturidade espiritual e que, por sua vez, levasse o evangelho adiante em seu círculo de familiares e amigos — e até a outras nações. O que nos cabia decidir era onde, com quem e como faríamos isso.

Ken descreveu vividamente o modo como, naqueles primeiros anos, fomos despojados de tudo o que pensávamos que sabíamos, o que conferiu uma impressionante clareza à nossa situação. Era como andar por uma praia ainda molhada pela maré, que acabou de recuar. Cada pegada na areia era a nossa própria, e se destacava. Podíamos ver por onde tínhamos andado e para onde nossos passos nos levavam. Logo vimos que estávamos indo a lugares onde nunca — nós e todos que conhecíamos — tínhamos estado antes. Como saberíamos aonde ir e o que fazer?

A quem recorreríamos para aconselhamento?

Se você leu até aqui, percebeu o padrão. A gente se via diante de uma pergunta ou problema, e agia com base no pressuposto de que a Bíblia abordaria a questão em algum lugar, de algum modo. Assim, passávamos a buscar orientação nas Escrituras. Quando chegávamos a uma resposta, e podia levar meses, seguíamos adiante – até que surgisse a próxima questão. E o processo se repetia. Também gozávamos da confiança de líderes que, embora jamais tivessem estado nos lugares para onde fomos enviados, compartilhavam conosco a mesma confiança nas Escrituras. Eles nos ouviam e nos apoiavam, às vezes com hesitação e reservas. Mas sua confiança final em nós nos dava segurança.

Agora, em retrospecto, ao olhar para a experiência como um todo, vejo que seis fatores se destacam como absolutamente indispensáveis aos resultados que tivemos. Desde que fomos morar no Brasil, tenho colaborado com muita gente em inúmeras situações pioneiras ao redor do mundo. Tenho observado que os mesmos seis fatores estão sempre presentes, em todas as iniciativas com visão de longo prazo. Seja na implantação de uma igreja em Dayton, em Ohio, seja em um trabalho com muçulmanos em Surabaya, na Indonésia. Percebo que, quando o trabalho trava, quase sempre é porque um ou mais desses fatores não está funcionando, mas quando o problema é identificado e tratado, o andamento é retomado. Apresento aqui esses seis fatores para sua análise, com a esperança de que lhe sejam úteis como base para suas próprias conclusões e reflexões sobre seu trabalho.

Os seis fatores fundamentais são:

1. Lançar os alicerces
2. Buscar os perdidos
3. Prosseguir ao discipulado
4. À semelhança de Cristo em comunidade
5. Sob a liderança divina
6. Guiar-se pela visão de gerações espirituais

Nas páginas seguintes, explorarei um pouco de cada um desses fatores.

Lançar os Alicerces

"Conforme a graça de Deus que me foi concedida, eu, como sábio construtor, lancei o alicerce... Contudo, veja cada um como constrói" (1 Coríntios 3:10).

Ainda estávamos em nosso primeiro semestre da escola de idiomas quando um colega missionário me convidou para viajar com ele até a cidade onde, ao terminar seus estudos, iniciaria seu trabalho como pastor. Passamos o dia na estrada, e chegamos bem a tempo de acompanhar o culto na igreja onde planejava trabalhar. Paramos em frente a uma igreja pequena e recém-construída nos arredores da cidade, e entramos.

O culto já tinha começado, então nos sentamos em cadeiras no fundo do salão. Contei vinte e uma pessoas presentes. Um adulto do sexo masculino. E o restante, mulheres e crianças.

Então, algo errado com isso?

Pense.

Um procedimento comum, quase padrão, para estabelecer uma igreja é ter seguidores. Esta nova igreja obviamente tinha começado a partir do investimento de tempo e dinheiro de alguém na construção. Depois, viriam os convites aos bairros vizinhos para que todos comparecessem. Soa normal, não?

Mas, enquanto eu observava, ficava imaginando, *Que mensagem este pequeno grupo de pessoas envia à comunidade não cristã sobre ser cristão? Um homem sério, que não tivesse experiência prévia com igreja, entraria num lugar como aquele? Quanto tempo levará até que os primeiros líderes surjam dentro desta iniciativa?* Minha preocupação era que os anos seguintes da vida do meu amigo fossem definidos por uma abordagem aleatória de criação de uma comunidade.

Qualquer grupo recém-formado ganha rápida e inevitavelmente uma identidade, um estilo coletivo. Para o bem ou para o mal, esse ethos emite uma mensagem ao resto da sociedade. Estabelece fronteiras sociais e determina quem estará ou não confortável em participar. Neste caso, a composição do grupo reforçava um preconceito já forte no Brasil de que religião é para mulheres e crianças, e que "homens de verdade" não se envolvem com essas coisas.

Então, como alguém deve começar um trabalho novo? Paulo chamava a si mesmo de sábio construtor. O que queria dizer com isso? Muitos livros já foram escritos sobre o assunto, e muitos outros virão. Não pretendo aumentar a lista. O que apresento são três coisas simples para se ter em mente, ao se iniciar um novo trabalho ou avaliar o que já está em andamento.

Lance os alicerces de joelhos. Quando Jesus iniciou seu ministério, causou uma reviravolta. Curava doentes e contava histórias como ninguém. As multidões o amavam. Mas ele não deixou que o imenso apelo popular o desviasse de seu objetivo real.

Não raro, deixava as multidões para trás e passava tempo com uns poucos. Certa vez, depois de sair de cena e passar a noite em oração a seu Pai, chamou esses poucos e delimitou ainda mais suas ações. Escolheu apenas doze deles e continuou passando boa parte do seu precioso tempo preparando-os para levar sua mensagem ao mundo — e as gerações que se seguiriam.

Quando seus dias na terra estavam chegando ao fim, reuniu-se a sós com o Pai para orar por aqueles doze homens. Tratava-os como os homens "que do mundo me deste." Dizia, "Eles eram teus; tu os deste a mim" (João 17:6).

Impressionante! Até mesmo Jesus teve que buscar em Deus as pessoas que tinha ao seu redor! Precisamos entender que as pessoas com quem trabalhamos são dádivas de Deus, e o primeiro recurso que temos para encontrá-los está em Sua presença. Ao iniciar um ministério, é muito melhor investir o tempo em oração e esperar que Deus inspire e guie, do que se apressar apenas para ter a sensação de que se está em ação.

Ken contou a história sobre como dependíamos da promessa em Isaías 45, quando começamos nosso trabalho em Curitiba. Não sei como você se sente ao ler a história, mas vivê-la não foi fácil. Havia um certo desespero naquelas sessões de oração. Lembro de um dia em que apontei àquela passagem e disse a Deus, "Você não vai nos fazer desperdiçar mais este dia, né?"

Mas eu sabia que a verdadeira perda de tempo seria sucumbirmos à tentação de inventar algo por conta própria, em vez de aguardar a ação de Deus. Jesus avisou, "Toda planta que meu Pai celestial não plantou será arrancada pelas raízes" (Mateus 15:13). Percebi que seria fácil começarmos a fazer uma coisa aqui, outra ali, com um grupo ou outro e acabar descobrindo que não estávamos disponíveis para a coisa certa.

Deixe que as pessoas que você quer alcançar lhe mostrem como fazê-lo. O ideal é começar com o tipo de pessoa que você deseja acabar alcançando. Podem se tornar seus melhores professores, se você deixar. Mas não é fácil. Significa buscar pessoas — fazer-lhes perguntas, ouvir suas respostas e observar suas reações e, a partir destas, descobrir os caminhos. Se você souber fazer isso, será levado de bom grado aos seus amigos.

A abordagem mais comum que superficialmente parece ter mais sentido é começar a trabalhar com pessoas que já sejam cristãs e contar com elas para que o apresentem a outros em seu meio. Mas, ao começar assim, também tenderá a repetir formas e métodos que funcionaram para você no passado. Uma vez que as pessoas ao seu redor já são parte da subcultura cristã, provavelmente aceitarão o que você fizer. Na verdade, é o que esperam de você, porque também estão familiarizadas com aquelas mesmas formas, a partir de suas experiências com a igreja.

Mas, com isso, você inadvertidamente fecha as portas à maioria da sociedade que não está confortável com a vida na subcultura. Eles teriam que se adaptar a você, se quisessem receber o que você tem a oferecer.

A verdade é que o modo como você começa, as formas que emprega e as pessoas que escolhe para começar determinarão onde estará, o que estará fazendo e com quem uma década depois.

Faça das pessoas seus alicerces. Quando Paulo estava lançando seus alicerces, não falava sobre estruturas ou organizações. Referia-se a pessoas — em quem ele investiu sua vida e a quem Deus estava transformando à semelhança de seu Filho. É o que fica claro em sua carta aos cristãos em Colossos. Ele escreve, "Portanto, assim como vocês receberam Cristo Jesus, o Senhor, continuem a viver nele, enraizados e edificados nele, firmados na fé, como foram ensinados"(Colossenses 2:6-7).

Pedro usa uma metáfora parecida para comunicar a mesma ideia. "À medida que se aproximam dele, a pedra viva — rejeitada pelos homens, mas escolhida por Deus e preciosa para ele — vocês também estão sendo utilizados como pedras vivas na edificação de uma casa espiritual" (1 Pedro 2:4-5). O que são bons alicerces? Você terá lançado bons alicerces quando as pessoas vierem a amar Cristo e, juntas, o seguirem.

Esta idéia simples frequentemente se perde em meio à nossa preocupação com organização e estrutura. É comum presumirmos que, se podemos organizar e gerenciar algo, é o que continuará para sempre. Então é onde investimos nossos esforços. Mas a organização é superestimada como garantia de nosso trabalho. O resultado do seu investimento não será melhor do que santidade e a competência das pessoas que você deixar para trás.

O que significa investir profundamente em pessoas. Obviamente, não podemos fazê-lo com todos, mas precisamos fazer com alguns, que vão ditar o ritmo para os demais e, com o tempo, multiplicar-se. Estarão prontos para a luta, sustentando o que foi estabelecido e tomando novas iniciativas.

As organizações vêm e vão. As pessoas de bem ficam. Se você visa a um movimento que inclua futuras gerações, investir nos poucos deve estar no centro dos seus planos, ao lançar os alicerces.

Buscar as Pessoas que não Conhecem Cristo

"Pois o Filho do homem veio buscar e salvar o que estava perdido" (Lucas 19:10).

Quando Deus chamou Adão e Eva, que se escondiam, e perguntou, "Onde estão vocês?" ele definiu o tema da Bíblia inteira (Gênesis 3:9). Esta mesma pergunta reverbera por todo o resto das Escrituras. Deus elevou Israel para que todas as nações vizinhas — o mundo — pudessem ver quem é ele e o que significa ser atraído a ele (Deuteronômio 4:5-6). E puniu a desobediente Israel pela mesma razão — para mostrar às nações quem ele realmente é (Ezequiel 36:20). Quando Jesus veio, declarou simplesmente, "vim para buscar e salvar o que estava perdido." Buscar os perdidos não é uma opção para o povo de Deus. Estamos no mundo em função dos perdidos. Assim, é um fator crucial, uma parte essencial de nosso chamado (1 Pedro 2:9-12). É o que fazemos, porque é o que Deus está fazendo.

Acredito que a parte mais difícil do início de um novo trabalho é achar o fio da meada que leva aos perdidos e conquistar aqueles primeiros relacionamentos, que podem levar à rede de pessoas e afinidades.

Quando nos mudamos para Curitiba em 1964, eu tinha um único nome na cidade inteira. Era Osvaldo. Ken já lhe contou a história. E também lhe disse que praticamente todos os nossos frutos naqueles primeiros anos vieram através de quatro indivíduos que, como Osvaldo, foram nos apresentando um a um os seus outros amigos.

Precisávamos agir no sentido de ajudar nossos novos amigos a preservarem suas redes relacionais naturais, que poderiam facilmente se romper, em especial quando alguns começam a vir a Cristo enquanto outros mal estão interessados. Tínhamos que achar meios de manter intactos os relacionamentos e continuar a expandir enquanto, ao mesmo tempo, ajudávamos os que vinham a Cristo a amadurecer na fé. Sabíamos que, se não atendêssemos às duas necessidades, muito se perderia.

Duas idéias nos ajudaram a lidar com ambas: abrir o evangelho com os interessados e preservar as redes de amizades.

Evangelismo é um processo. Ken descreveu minha primeira experiência com Osvaldo, quando fiz minha maior descoberta sobre levar pessoas a Cristo. Era a percepção de que evangelismo é um processo, não apenas um evento. Envolve plantar, cultivar e colher (Jim Petersen, *Living Proof*). Sei que agora não soa mais como novidade mas, na época, era completamente novo para mim. Ocorreu-me quando absorvi a reação de Osvaldo à minha "convincente" explicação da "Ponte." Ao ver que minhas palavras não lhe faziam sentido, percebi que ele tinha outro ponto de vista, com o qual eu não estava familiarizado. Jesus descreveu o processo da seguinte maneira, "Assim é verdadeiro o ditado: 'Um semeia, e outro colhe.' Eu os enviei para colherem o que vocês não cultivaram. Outros realizaram o trabalho árduo, e vocês vieram a usufruir do trabalho deles"(João 4:37-38).

Para mim, isto abriu novas dimensões de oportunidade. Ainda que poucos estejam prontos para serem colhidos, praticamente todos têm o potencial de serem alcançados. Uma vez que a semente é a "mensagem sobre o reino" (Mateus 13:19) e/ou os "filhos do reino" (Mateus 13:38), precisávamos achar modos simples de manter a semeadura até que a semente criasse raiz. Significava a exploração contínua da história de Jesus, o que realizamos através de discussões informais dos evangelhos, geralmente começando por João. Eram encontros individuais ou em grupos, em que fazíamos apenas duas perguntas: Quem foi aquele homem? E o que ele quer de mim?

Inúmeras vezes testemunhamos o poder das Escrituras, mesmo quando alguém insistia que não acreditava na Bíblia. Eu quase sempre me sentia como espectador, ao observar o Espírito Santo direcionar as Escrituras no coração das pessoas. Não há dúvida: as Escrituras são realmente a "espada do Espírito" (Efésios 6:17). Aqueles encontros regulares geralmente prosseguiam por meses, até que alguém concluísse que Jesus tinha que ser quem ele afirmava que era.

A grande demora sempre acabava sendo pela luta com a própria vontade. A conversão, a decisão de seguir a Cristo, é equivalente a sair da própria caverna com as mãos ao alto. É abrir mão da rebeldia e se submeter a Cristo como seu Senhor. É difícil por em prática, pois implica um golpe mortal em seus pecados favoritos. Descobrimos as tentativas prematuras que atrapalham o processo de colheita. Quando há gestação, haverá nascimento. Só precisávamos ser pacientes. Raramente estávamos presentes quando ocorria. Mas um nascimento espiritual saudável não pode passar despercebido. A vida é óbvia a todos quando acontece, e veio para ficar.

A hospitalidade tem poder. A hospitalidade é outra forma de semear, da qual dependemos. Certa vez, quando Jesus estava em uma festa, virou-se para seu anfitrião e disse:

"Quando você der um banquete ou jantar, não convide seus amigos, irmãos ou parentes, nem seus vizinhos ricos; se o fizer, eles poderão também, por sua vez, convidá-lo e assim você será recompensado. Mas . . . convide os pobres, os aleijados . . . os cegos. Feliz será você, porque estes não têm como retribuir. A sua recompensa virá na ressurreição dos justos" (Lucas 14:12-14).

Vejo nesta descrição — os pobres, os aleijados, os cegos — outra metáfora para descrever "as pessoas em correntes" sobre as quais Isaías escreveu. A hospitalidade, esse gesto de trazer pessoas à sua intimidade doméstica, é a oportunidade de terem uma visão mais ampla de quem realmente é você e como é sua vida. Não é à toa que Paulo e Pedro tratam a hospitalidade como um dos requisitos à liderança na igreja.

Provavelmente, você está se perguntando como mantivemos o interesse de não cristãos por meses enquanto ainda exploravam as Escrituras conosco, e de que modo preservamos as redes relacionais de seus amigos nesse período. A resposta é a hospitalidade. É uma oportunidade de inclusão, de reunir a turma, de abraçar o cético e o cauteloso. Uma chance de fazer com que os relacionamentos cresçam.

Mas a hospitalidade precisa ser informal e divertida, para que todos se sintam à vontade. Para um novato, é a diferença entre se misturar a um grupo de amigos e entrar em um lugar estranho, em que você não conhece ninguém, e se sentar em uma cadeira, sentindo que todos olham para você, e esperar que o programa comece. A hospitalidade é necessária para manter a essência do grupo.

Prosseguir ao Discipulado

". . . atingindo a medida da plenitude de Cristo" (Efésios 4:13).

Ajudar pessoas a evoluírem em seu discipulado é um fator crucial a qualquer ministério forte, por razões óbvias. Sem isso há uma imaturidade crônica, que produz a dependência perpétua do mentor espiritual e vários outros problemas. É receita de caos espiritual, que impedirá o surgimento da segunda geração. Quem participaria de algo assim?

A Bíblia não nos dá formas ou fórmulas para ajudarmos os outros a atingirem a maturidade, mas deixa claro o que Deus espera em termos dos resultados de nosso trabalho. Ele quer que todos atinjam a "medida da plenitude de Cristo." Falando de outra maneira, Cristo deve ser "formado" neles (Gálatas 4:19). Ou para "serem conformes à imagem de seu Filho" (Romanos 8:29), "transformados à sua semelhança" (2 Coríntios 3:18). É a este padrão que Deus chama seu povo. Mas parece que, raramente, sequer chegamos perto. Qual o motivo?

À primeira vista, poderíamos pensar que a transformação vem naturalmente. O apóstolo Paulo escreveu, "Se alguém está em Cristo, é nova criação. As coisas antigas já passaram; eis que surgiram coisas novas" (2 Coríntios 5:17). Deveria ser suficiente, não? Mas é o que acontece na conversão? Sim, é. Vamos da morte para a vida. Nossa identidade passa de filhos e filhas a herdeiros de Cristo. Tornamo-nos cidadãos do reino assim, de uma hora para outra. E não acaba por aí. Também nos é dado o Espírito Santo, para viver o cotidiano conosco. E ainda não é a história toda.

Há outras coisas que não mudam quando se crê em Cristo, e é aí que tudo se complica. As células do seu corpo não mudam, inclusive os neurônios. Você ainda tem um temperamento colérico, ou melancólico, para combinar com a personalidade—e ainda terá trinta anos de reações e hábitos difíceis, que se instalaram em seu caráter. A Bíblia chama tudo isso de natureza do pecado. O pior pode vir à tona em um nanossegundo e causar sérios danos.

Isso nos leva ao desafio básico do discipulado: O que fazer com as áreas que não mudam? Quem é responsável pelo quê? O que Deus deixa para o indivíduo - que apenas ele ou ela possa resolver? E o que se deve deixar para o Espírito Santo—que só ele pode fazer?

Um discípulo é um aprendiz, que aprende de determinado modo. Aprende ao caminhar com seu mestre, ao ouvi-lo, observá-lo, e imitá-lo em seu estilo de vida. O discipulado é uma didática que abrange aprendizado, tutoria, mentoria e mais. Jesus nos chamou de discípulos porque o conhecimento realmente tem um papel secundário em nossa busca da semelhança a Cristo. Buscar os traços de caráter que vemos nele é fundamental. São adquiridos, com o tempo, através da intimidade com o Mestre e a dependência do Espírito Santo. Estamos falando de um crescimento de vida inteira. O que deve guardar um cristão no desafio dessa jornada diária?

Ter um mentor espiritual faz uma diferença imensa. Certamente é muito melhor do que crescer em um orfanato espiritual, em que você foi deixado para tentar entender as coisas por conta própria. Paulo escreveu, "Embora possam ter dez mil tutores em Cristo, vocês não têm muitos pais, pois em Cristo Jesus eu mesmo os gerei por meio do evangelho" (1 Coríntios 4:15).

É conversa de família. Como pai, Paulo diz, "Fomos bondosos quando estávamos entre vocês, como uma mãe que cuida dos próprios filhos.... Pois vocês sabem que tratamos cada um como um pai trata seus filhos, exortando, consolando e dando testemunho, para que vocês vivam de maneira digna de Deus" (1 Tessalonicenses 2:7, 11-12). Cristãos recém convertidos precisam da atenção individual e pessoal de um pai espiritual, se quiserem perseverar. Mas precisam de mais que isso. É o que nos leva ao próximo fator crucial.

À Semelhança de Cristo em Comunidade

"Dele todo o corpo, ajustado e unido com o auxílio de todas as juntas, cresce e edifica-se a si mesmo em amor, na medida em que cada parte realiza sua função" (Efésios 4:16).

A noção popular que está aí há séculos — de que se você leva a espiritualidade a sério, precisa se afastar de pessoas e coisas para viver uma vida de meditação — simplesmente está errada. É o contrário. Se quiser crescer, você precisará de pessoas, com suas necessidades e problemas. A semelhança a Cristo só será atingida através da relação com os outros. Pense: Paulo escreveu, "Livrem-se de toda amargura, indignação e ira.... Sejam bondosos e compassivos uns para com os outros, perdoando-se mutuamente, assim como Deus os perdoou em Cristo. Portanto, sejam imitadores de Deus, como filhos amados, e vivam em amor, como também Cristo nos amou"(Efésios 4:31-5:2).

Qual parte dessas instruções você pode seguir independentemente dos demais em sua vida? Nenhuma. Como você vai lidar com sua raiva, se não houver ninguém ao seu redor para testar sua paciência? Como aprenderá a perdoar, se não houver ninguém que o ofenda? Como aprenderá a amar, se não houver ninguém em sua vida que precise de algo? Você precisa das pessoas, com suas fraquezas e necessidades, se quiser amadurecer. Do mesmo modo, você precisa experimentar o amor, o perdão e a graça dos outros, se quiser realmente entender o que Deus fez por você.

Interdependência. Há uma segunda razão, igualmente importante, pela qual você precisa de outros cristãos em sua vida, se quiser amadurecer. Você é como a andorinha: sozinho, não faz verão. Deus o presenteou com certas coisas, provavelmente mais do que você será capaz de usar em sua vida inteira. Mas não lhe presenteou com tudo. Na verdade, deu parte do que você precisa aos outros. Por quê? Porque se você tivesse tudo, acharia que não precisa de nada ou ninguém, o que seria sua ruína. Seria muito difícil enxergar o panorama geral, do qual você faz parte. Então, é por isso que "Deus dispõe cada um dos membros do corpo, segundo a sua vontade. Assim, há muitos membros, mas um só corpo. Ora, vocês são o corpo de Cristo, e cada um de vocês, individualmente, é membro desse corpo" (1 Coríntios 12:18, 20, 27). Esta é uma verdade fundamental.

O desafio é encontrarmos maneiras de obedecer às escrituras. Como deve ser uma comunidade que incorpora essas verdades? Ken lhe contou a história de nossas lutas, ao buscarmos as respostas a essas perguntas. Pode ser feito, mas exige criatividade. Atingir os padrões bíblicos é muito, muito desafiador, especialmente em nossa sociedade moderna, em que pessoas vivem sem tempo em cidades imensas. Esta questão precisa estar no topo da lista, quando pensamos na penetração do evangelho no mundo de hoje.

Sob Liderança Divina

"As palavras que me ouviu dizer na presença de muitas testemunhas, confie-as a homens fiéis que sejam também capazes de ensinar outros" (2 Timóteo 2:2).

O desenvolvimento de líderes é um fator crucial ao movimento do evangelho, que crescerá à proporção da capacidade de seus líderes. Paulo explica, "E ele designou alguns para apóstolos, outros para profetas, outros para evangelistas, e outros para pastores e mestres, com o fim de preparar os santos... para que o corpo de Cristo seja edificado... e cheguemos à maturidade" (Efésios 4:11-13).

A liderança espiritual envolve pessoas talentosas, que servem as demais com seus talentos e habilidades, segundo as necessidades. O cultivo de novas lideranças começa a partir do entendimento do que acabamos de falar—que a igreja é um corpo, composto de muitas partes, e cada parte dá sua contribuição. Quando esta verdade entra em prática, a liderança necessária entra em cena, e vem de dentro. Os talentos emergem nas interações humanas. Todos sabem quem é bom em quê. Alguns já têm tudo o que precisam para fazer sua parte, enquanto outros precisam de mais preparo, em função da natureza de seus talentos.

O desenvolvimento de líderes espirituais deve estar presente desde o início. Ken descreveu o modo como tratamos isso; naqueles primeiros "estudos abertos," em que participavam os amigos dos novos cristãos, logo passamos a condução das discussões aos recém convertidos. Às vezes era péssimo, e os céticos venciam—enquanto Ken e eu observávamos, evitando falar a todo custo. Sabíamos que não podíamos intervir, sem interferir nas ações do líder. Mais tarde, quando as pessoas começaram a sentir a necessidade, ensinamos aqueles que tinham os dons e interesse correspondentes a dominar as Escrituras e a ensinar os demais. Passamos anos treinando o pessoal nesta área.

Tínhamos dois objetivos em mente, ao desenvolver líderes. Primeiro, sabíamos que esses amigos logo sairiam pelo país à procura de emprego. Queríamos que fossem boas sementes que dão frutos, onde quer que "caíssem." Segundo, queríamos nos tornar desnecessários ao movimento que nascia. Pessoas na nossa condição não deveriam estar preocupadas com a segurança de um emprego; deveríamos nos preparar para nossa substituição. Compreendíamos que, se o trabalho que desenvolvíamos teria alguma permanência, não poderia ser desenvolvido em função da nossa presença. Precisaríamos partir para outra. Na verdade, acredito que quando líderes pioneiros não pensam assim, acabam barrando o desenvolvimento de pessoas e do trabalho confiado a elas. Já vi missionários ficarem por um tempo demasiado longo em alguns lugares, o que teve um preço alto. Comunicavam a idéia de que o pessoal local não era realmente necessário, o que gerou dispersão. Se o seu cargo não estiver em aberto, as pessoas que você esta orientando nunca o assumirão.

O desenvolvimento de líderes segue um padrão simples. Como observamos, começa com os dons e habilidades de alguém, o que precisa de oportunidade de expressão e treinamento. Quando a reação dos outros é mais frequentemente positiva, a pessoa naturalmente ganha mais confiança e responsabilidade, e uma autoridade proporcional. "Vamos deixar a cargo de Luís. Ele é bom nisso." Com a repetição do padrão, as responsabilidades aumentam, bem como a autoridade. E chegará a hora em que precisará dividir suas responsabilidades — em um efeito de multiplicação própria.

Caráter e competência. O caráter e a competência são, sem dúvida, fundamentais à liderança. São duas áreas que uma pessoa precisa continuar a desenvolver, à medida que sua responsabilidade aumenta. Observe, nas cartas de Paulo a Timóteo, sua ênfase no desenvolvimento pessoal contínuo de Timóteo nessas duas áreas.

Quando ao caráter de Timóteo, Paulo o instrui para que "combata o bom combate, mantendo a fé e a boa consciência" (1 Timóteo 1:18-19). E, então, diz, "Ninguém o despreze pelo fato de você ser jovem, mas seja um exemplo para os fiéis na palavra, no procedimento, no amor, na fé e na pureza. . . . Busque a justiça, a piedade, a fé, o amor, a perseverança e a mansidão" (1 Timóteo 4:12; 6:11).

Então, ao abordar o assunto da competência, Paulo diz a Timóteo,

> Não negligencie o seu dom. . . . Atente bem para a sua própria vida e para a doutrina. . . . Procure apresentar-se a Deus aprovado, como obreiro que não tem do que se envergonhar e que maneja corretamente a palavra da verdade. . . . Permaneça nas coisas que aprendeu e das quais tem convicção. . . . Porque desde criança você conhece as sagradas Letras. . . . Toda Escritura é inspirada por Deus e útil

para o ensino, para a repreensão, para a correção e para a instrução... para que o homem de Deus seja apto e plenamente preparado para toda boa obra" (Timóteo 4:14, 16; 2 Timóteo 2:15; 3:14-17).

Paulo sabia que a autoridade de Timóteo era respaldada pelo tipo de homem que ele era, não por credenciais ou cargos que pudesse ter tido. Ele relembra Timóteo de que a competência e o caráter piedoso são buscas de uma vida inteira. Juntos, comunicam confiança, que é a base da verdadeira autoridade.

Guiar-se pela Visão de Gerações Espirituais

"Minha oração não é apenas por eles. Rogo também por aqueles que crerão em mim, por meio da mensagem deles" (João 17:20).

Você já parou para pensar por que a Bíblia usa tanto tempo e espaço para registrar todas aquelas genealogias? Capítulo após capítulo, nome após nome; é até cansativo.

Indivíduos são importantes, e o que um indivíduo faz se transmite às próximas gerações. A linha de tempo da Bíblia abrange gerações. Trata do envolvimento pessoal de Deus com indivíduos e seu convite para se juntar a ele no que está fazendo com a história humana – e muito mais. Ele visita Abraão e lhe promete que todas as nações do mundo seriam abençoadas através de sua descendência. As instruções eram simples. Ele precisava "ordenar aos seus filhos e descendentes que se conservem no caminho do Senhor, fazendo o que é justo e direito" (Gênesis 18:19).

Assim, temos a história de Abraão, Isaque e Jacó — e os doze filhos de Jacó crescendo como nação de Israel —

no centro da Bíblia. O modo de realização da promessa nunca mudou. Setecentos anos depois da primeira promessa a Abraão, Moisés deu instruções parecidas ao povo: "Tenham muito cuidado para que nunca se esqueçam das coisas que seus olhos viram; conservem-nas por toda a sua vida na memória. Contem-nas a seus filhos e a seus netos" (Deuteronômio 4:9).

Observe as intenções de Deus para com Israel, com o desenrolar da história: "Eu lhes ensinei decretos e leis. . . . Vocês devem obedecer-lhes e cumpri-los, pois assim os outros povos verão a sabedoria e o discernimento de vocês. Quando eles ouvirem todos estes decretos, dirão: 'De fato, esta nação é um povo sábio e inteligente'" (Deuteronômio 4:5-6). Coletivamente, Israel se tornaria testemunha para seus vizinhos, que observavam e tiravam conclusões sobre como era o seu Deus (Deuteronômio 4:5-8). Deus estava evangelizando as nações, e esperava de Israel que levasse seu trabalho adiante.

Esse tema se repete ao longo do Velho Testamento. Aqui, mais um exemplo: "Ele ordenou aos nossos antepassados que a ensinassem aos seus filhos, de modo que a geração seguinte a conhecesse, e também os filhos que ainda nasceriam, e eles, por sua vez, contassem aos seus próprios filhos. Então eles porão a confiança em Deus" (Salmo 78:5-7).

Então Jesus chega com suas inúmeras histórias sobre sementes. Que metáfora para gerações! A semente contém a vida futura. Para mim, o uso mais provocante desta metáfora foi quando Jesus disse, "Digo-lhes verdadeiramente que, se o grão de trigo não cair na terra e não morrer, continuará ele só. Mas se morrer, dará muito fruto" (João 12:24). Aqui, ele provavelmente falava sobre si mesmo, e o que passaria logo depois. Mas prossegue e amplia o significado, quando nos inclui, dizendo, "Aquele que ama sua vida, a perderá; ao passo que aquele que odeia sua vida neste mundo, a conservará para a vida eterna" (João 12:25).

Odiar minha vida?! Mas a boa semente não existe para si mesma. Para haver gerações, precisa haver morte, por exemplo o desapego às nossas preocupações cotidianas, que consomem nosso melhor tempo e recursos e nos deixam sem tempo para os outros.

A oração de Jesus a seu Pai, registrada em João 17 é, para mim, a palavra final neste assunto. Ao falar com seu Pai, ele revê o que passou com os Doze e suas expectativas em relação a eles, dizendo,

> Eu revelei teu nome àqueles que do mundo me deste.... Assim como me enviaste ao mundo, eu os enviei ao mundo.... Minha oração não é apenas por eles. Rogo também por aqueles que crerão em mim, por meio da mensagem deles... para que o mundo creia que tu me enviaste (João 17:6, 18, 20-21).

Jesus conseguia ver o mundo e as gerações que viriam através daqueles homens.

É claro que gerações espirituais também surgem espontaneamente, e é sempre encantador ver. Mas Jesus tinha um propósito em relação às gerações. Também deveríamos ter, uma vez que são o fundamento de sua estratégia para a criação da sua família eterna.

Para nós, significava duas coisas. Primeiro, precisávamos investir consciente e profundamente nas pessoas que acreditávamos nos terem sido dadas por Deus. E, segundo, precisávamos manter tudo simples e reproduzível.

Entendemos que, se quiséssemos testemunhar o surgimento de gerações espirituais como fruto de nossos esforços, esta precisava ser a nossa abordagem. As escolhas que fazíamos, os métodos que usávamos, nossas formas—tudo precisava responder à pergunta teste: Essas pessoas conseguirão fazer algo equivalente, por conta própria?

Ken conta a história de Kenneth Cooper, e de como lançou um movimento de condicionamento físico no Brasil. Ele o fez ao escrever um livro sobre exercícios aeróbicos. Então, em 1970, instruiu a seleção brasileira de futebol a respeito de preparação física. Quando o time ganhou a Copa do Mundo, as ruas se encheram de praticantes, em sua maioria, pessoas que nunca tinham corrido um metro em suas vidas. Tudo o que precisavam para fazer parte daquele movimento era vestir shorts e tênis, e sair para a rua. Simples assim.

Do mesmo modo, fazer parte de um movimento que envolve o reino de Deus também é simples. Para começar, basta aceitar ler as Escrituras com alguns amigos, e explorar duas perguntas: Quem era Jesus? E o que ele quer de nós? Então, ao prosseguir juntos e ajudar-se mutuamente a seguir o caminho certo em busca de uma vida firmada na verdade que estão descobrindo, o evangelho se disseminará.

Sobre o Autor

Ken Lottis nasceu e cresceu em Salem, Oregon, às margens do Rio Willamette. Era o segundo de uma família de quatro filhos homens, que iam à escola dominical e à igreja toda semana com seus pais. O pai de Ken era mecânico soldador e pequeno empresário. Sua mãe dava aulas de evangelismo infantil em casa. Ambos eram membros ativos de Os Gideões. Tomou desde cedo a decisão de convidar Cristo para sua vida, mas foi só no último ano do ensino médio que sua fé se tornou pessoal. Um jovem de sua igreja tinha retornado da faculdade e assumiu, na escola dominical, a turma dos rapazes de ensino médio, que Ken frequentava. Aquele estudante, Roy Cooke, tinha sido ajudado pelos Navegadores na Northwestern College em Mineápolis. Ele, por sua vez, passou a transmitir a Ken e aos demais garotos da turma os princípios práticos de uma vida centrada em Cristo, com grande impacto na vida de Ken. Depois de concluir o ensino médio, passou a estudar na Northwestern College em Mineápolis, onde se envolveu intensamente com os Navegadores, indo às suas conferências e sendo instruído por Ed Reis por três dos seus quatro anos de faculdade. Durante aqueles anos, também foi treinado pela Young Life e fundou um grupo de estudos bíblicos em uma grande escola urbana de ensino médio em St. Paul.

Antes de sua formatura em História, em junho de 1956, Ken tinha feito planos com Dawson Trotman para passar o verão em Glen Eyrie, em Colorados Springs. Com a morte de Trotman, o plano mudou e, nos quatro anos seguintes, Ken trabalhou com a Missão Indígena da América do Norte, entre os índios da costa da Colúmbia Britânica e do sul do Alasca. Durante esse período, reencontrou Carol Bauer, uma colega da Northwestern. Nascida e criada em Winona, Minnesota, às margens do Rio Mississippi, Carol compartilhava com Ken os valores de família da classe trabalhadora, das cidades do interior. Casaram-se em 18 de outubro de 1958, numa pequena igreja independente de Winona, aonde seu pai eletricista fielmente levava a família.

Em meados de 1960, Ken e Carol, e seu filho de dois meses, deixaram a missão no Canadá e se mudaram para Spokane, Washington, onde ele achou emprego e trabalhou como voluntário em um centro de militares administrado pelos Navegadores. Um ano mais tarde, a convite do presidente dos Navegadores, Lorne Sanny, mudaram-se para DeKalb, Illinois, e trabalharam por dois anos no campus da Northern Illinois University. Ao fim deste período, foram convidados para integrar a equipe dos Navegadores e, em dezembro de 1963, foram designados para o trabalho no Brasil com Jim e Marge Petersen. Chegaram ao Brasil em 26 de novembro de 1964, com seus três meninos, para uma aventura pioneira que durou vinte e quatro anos e construiu um dos ministérios mais extraordinárias da história dos Navegadores.

Outros Livros Publicados por GCN Press

Church Without Walls (2018)
by Jim Petersen

The Entrepreneurial God (2018)
by Donald McGilchrist

Wealth and Wisdom: A Biblical Perspective on Economics
by Jake Barnett

Why God Matters

Why People Matter

Life in the Kingdom

Working Together

The Meaning of Work

The Economy of God

Todos os livros estão disponíveis em formato impresso e digital no site de Amazon.com. Para mais informações, visite o site de Global Commerce Network. www.globalcommercenetwork.com

www.ingramcontent.com/pod-product-compliance
Lightning Source LLC
Chambersburg PA
CBHW030435300426
44112CB00009B/1017